Le complexe
d'Hermès

Le complexe d'Hermès

Regards philosophiques sur la traduction

Charles Le Blanc

Les Presses de l'Université d'Ottawa

Catalogage avant publication de Bibliothèque et Archives Canada

Le Blanc, Charles, 1965-
Le complexe d'Hermès : regards philosophiques sur la traduction / Charles Le Blanc.

(Collection Regards sur la traduction 1480-7734)
Comprend des références bibliographiques.
ISBN 978-2-7603-3038-2

1. Traduction – Philosophie. I. Titre. II. Collection.

P306.L42 2009   418'.02   C2008-907838-1

542, avenue King Edward
Ottawa, Ontario K1N 6N5
www.uopress.uottawa.ca   uOttawa

Les Presses de l'Université d'Ottawa reconnaissent avec gratitude l'appui accordé à son programme d'édition par Patrimoine canadien en vertu de son Programme d'aide au développement de l'industrie de l'édition, le Conseil des arts du Canada, la Fédération canadienne des sciences humaines en vertu de son Programme de l'aide à l'édition savante, le Conseil de recherches en sciences humaines du Canada et l'Université d'Ottawa.

Les Presses reconnaissent aussi l'appui financier de l'Université du Québec en Outaouais dont a bénéficié cette publication.

« L'âne me semble un cheval traduit en hollandais ».

Lichtenberg, *Sudelbücher*, H 166.

« La civilisation moderne – et je tiens cela pour l'une de ses disgrâces principales – a aboli la personnalité, ramenant toute chose à l'objectivité. C'est pourquoi on ne parvient plus à s'attarder à ce que signifie *communiquer*, et que l'on se dépêche plutôt sur *l'objet* que l'on veut communiquer ».

Kierkegaard, *Pap.* VIII^2 B 78-79.

HYMNE À HERMÈS[1]

Muse, célèbre Hermès roi de Cyllène et de l'Arcadie, fertile en troupeaux, bienveillant messager des dieux qu'enfanta l'auguste et belle Maïa, après s'être unie d'amour à Zeus !

 Maïa habitait un antre ombragé bien au loin des dieux fortunés. Faisant de l'obscurité sa complice, Zeus aima cette jeune nymphe, tandis que le visage de la majestueuse Héra était apaisé par le sommeil, tandis que les Immortels et les hommes avaient les yeux comme regorgés de songes. La plus belle des Pléiades enfanta d'Hermès, un fils éloquent et rusé, voleur habile, maître des rêves, gardien des portes closes, veilleur de la nuit d'ébène. Dès qu'il fut sorti du sein maternel, il ne resta pas longtemps enveloppé des langes sacrés.

 Né le matin, au milieu du jour, déjà, il parlait. Quand vint le soir, franchissant le seuil de la caverne obscure, il s'élança, à la recherche d'aventures. Voyant une tortue qui, à pas lents, se traînait dans les fleurs de la plaine, l'enfant s'en saisit et, après avoir vidé l'écaille d'un stylet de bronze, il coupa des roseaux, tendit avec habileté une peau de bœuf et joignit à l'ensemble sept cordes de boyau de brebis. Ainsi Hermès créa-t-il la lyre qui charme le cœur des hommes mangeurs de pain. Cet ouvrage achevé, Hermès en joua, improvisant des vers. Comme les jeunes gens ivres quand ils désirent s'amuser, il mit en musique des conversations amoureuses, celles de Zeus son père et de la belle Maïa, sa mère. Il célébra son illustre naissance, chanta les compagnes de la nymphe, ses riches demeures, les trépieds et les bassins d'eaux lénifiantes qui se trouvaient dans sa grotte. Que ne t'es-tu arrêté là, ô fils prodigieux, tandis que ta voix était toujours la tienne et tes mots les tiens encore ! Mais l'hybris, la folle démesure, guette les Immortels autant que les hommes !

 Hermès était langé dans sa grotte quand un doux mais pernicieux arôme de viande grillée le troubla. La fragrance était portée par les vents des monts ombragés de Piérie où se trouvaient

---

[1] Texte original inspiré de l'hymne homérique à Hermès. Pour le texte de Homère, voir les *Hymnes homériques* in Hésiode, *Théogonie et autres poèmes*, textes présentés, traduits et annotés par Jean-Louis Backès, Gallimard, coll. « Folio/classique », Paris, 2001, p. 242-276.

les bœufs d'Apollon, animaux destinés aux sacrifices divins. Le jeune Hermès voulait savourer la chair des victimes réservée aux seuls dieux. Il déposa la lyre et, aussi prompt que la pensée qui traverse l'esprit de l'homme agité de mille soucis, Hermès parvint jusqu'à une éminence; il roulait dans son âme un projet perfide, comme en exécutent souvent les voleurs. Le fils de Maïa enleva à ce troupeau cinquante bœufs mugissants. Or, pour détourner leurs traces, il les conduisit en s'égarant à travers les détours d'un chemin sablonneux. Il employa en outre une ruse habile : il fit marcher le troupeau à reculons puis, déliant sa chaussure sur les rives de la mer, il réunit des branches de myrte et quelques rameaux de tamarix pour les tresser d'une manière admirable, incompréhensible, mystérieuse. Ayant lié ces vertes dépouilles de la forêt, il les adapta à ses pieds en une chaussure légère qui porte encore les feuilles qu'il avait prises sur la montagne de Piérie. Par la suite, quand il voudra porter ses messages, il se ressouviendra de cette ruse, si bien que l'invisibilité sera pour Hermès comme une seconde nature.

Le fils ingénieux de Zeus conduisit aux bords du fleuve Alphée les bœufs aux larges fronts dérobés à Apollon. Quand vint le jour, il fut sur les hauteurs de Cyllène aussi promptement qu'une étincelle jaillit du feu. Nul ne l'aperçut, ni les dieux ni les hommes, et les chiens eux-mêmes ne donnèrent point de la voix. Seule sa mère, Maïa, s'en rendit compte et lui tint ces propos ailés : « Rusé, enfant plein d'audace, pourquoi rompre l'obscurité de la nuit et risquer, par ton vol, qu'Apollon, puissant fils de Latone, ne charge tes membres de liens pesants et ne fasse sur toi abattre son courroux ? » Hermès lui répondit par ces mots pleins de ruse : « Mère, pourquoi faire peur à un faible enfant qui connaît à peine quelque fraude et tremble encore à la voix de sa mère ? Pourquoi devrais-je rester seul parmi les Immortels sans présents ni sacrifices ? N'ai-je pas droit aussi aux honneurs des autels ? Nul ne fera-t-il donc jamais pour moi brûler les viandes rituelles ? N'est-il pas plus doux de jouir des richesses et des trésors, comme les dieux immortels, que de languir, oisif, dans l'obscurité de cette grotte ? Je veux jouir des mêmes honneurs qu'Apollon et je tenterai tout pour les ravir, puisque mon père me les a refusés ».

Tels étaient les discours que tint le fils du maître de l'égide, tristes paroles, car le ciel plaque toujours celui qui dépasse la mesure. Comme l'arbre qui trop s'élance vers les cieux est frappé de la foudre, ainsi Hermès dans son fol dessein de trôner parmi les Immortels était-il entré en lutte avec Apollon aux flèches imparables. Or, celui que les dieux veulent perdre, ils exaucent ses prières. Il en fut ainsi pour Hermès qui, en devenant un Immortel, perdit sa liberté.

Apollon, irrité du vol de ses génisses, parcourait le monde à leur recherche et parvint bientôt à Cyllène. Hermès l'apercevant s'enfonça aussitôt dans ses langes parfumés et resta comme un tison sous des cendres amoncelées.

Alors Apollon : « Enfant qui reposes dans ce berceau, dis-moi où se trouvent mes génisses ; autrement s'élèveront entre nous de funestes débats : je te saisirai, je te précipiterai dans le sombre Tartare, au sein des ombres horribles et sans regard. Ni ton père ni ta mère vénérable ne pourront te rendre à la lumière, mais tu vivras enfoui sous la terre, ne régnant que sur un petit nombre d'hommes ». Ainsi parla Apollon à l'arc d'argent.

Hermès jura qu'il n'était pas l'auteur de ces vols, et proposa au fils de Latone de soumettre ce différend à Zeus qui tonne en haut.

En faisant cette proposition, ses yeux brillèrent d'un vif éclat. Il souleva ses sourcils, jeta impudemment des œillades de tous côtés, regards qui laissaient échapper un feu ironique.

C'est ainsi que conversaient Hermès et le fils brillant de Latone, mais animés de sentiments contraires. L'un parlait dans la sincérité de son cœur et avait saisi l'illustre Hermès comme voleur de ses génisses ; l'autre, le jeune roi de Cyllène, par ses ruses et ses paroles pleines d'imposture, cherchait à tromper Apollon Phébus. Mais, quelque habile que fût sa ruse, Hermès avait là trouvé un rival qui pouvait être son maître.

Arrachant Hermès de ses langes, Apollon le porta au sommet de l'Olympe. C'est là que se trouvaient les balances de la justice qui étaient destinées aux dieux. À leur arrivée, les cieux retentirent d'une douce harmonie, et les Immortels s'assemblèrent dans les retraites de l'Olympe. Devant Zeus se tenaient Apollon et Hermès. Alors le dieu qui lance la foudre s'adressa en ces termes à Phébus : « D'où viens-tu avec cette superbe proie, avec cet enfant nouveau-né qu'on prendrait pour un page ? Sans doute viens-tu devant le Conseil des dieux pour une affaire importante ? »

Apollon lui répondit : « À la faveur des ombres du soir, il a volé mes génisses des prairies, il leur a fait traverser les rivages de la mer et les a conduites à Pylos. Quant à lui, habile, rusé, il n'a marché sur le sol sablonneux ni avec les mains ni avec les pieds ; c'est à l'aide d'une pensée astucieuse qu'il a parcouru ce sentier merveilleux. Qui est-il cet enfançon pour exiger le partage des parts de ce qui n'appartient qu'aux Immortels ? Qu'il rende ce qu'il a volé ».

Ainsi parla le brillant Apollon et il s'assit.

À son tour, Hermès, s'adressant à Zeus, le maître de tous les dieux : « Puissant Zeus, mon cœur est sincère, je ne sais pas mentir. Aujourd'hui même, au lever du soleil, Apollon est venu en ma demeure chercher ses génisses aux pieds robustes. Il n'amenait pour témoin aucun dieu ; il ne m'offrait aucun indice, et cependant il m'ordonnait avec violence de dire où elles se trouvaient ; il menaça de me précipiter dans le vaste Tartare. Il abusait de sa force, lui, à la fleur de l'âge, tandis qu'il sait fort bien que moi, né d'hier, je ne puis ressembler à l'homme vigoureux qui dérobe des troupeaux ».

Zeus souriait en voyant l'adresse de son fils, qui niait avec tant d'assurance le vol des génisses. « Pourquoi as-tu volé les génisses d'Apollon ? demanda Zeus tonnant. Parle en vérité ou bien crains que je n'envoie sur toi l'amère Némésis ».

Hermès dit alors : « Zeus, fils de Cronos aux décrets imprescriptibles, pourquoi devrais-je rester seul parmi les Immortels sans présents ni sacrifices ? N'ai-je pas droit aussi aux honneurs des autels ? Nul ne fera-t-il donc jamais pour moi brûler les viandes rituelles ? N'est-il pas plus doux de jouir des richesses et des trésors, comme les dieux immortels, que de languir, oisif, dans l'obscurité d'une grotte ? Je veux jouir des mêmes honneurs qu'Apollon et je tenterai tout pour les ravir, puisque Tu me les as refusés ». Il dit, et Zeus toisa l'enfant d'un regard de taureau. Poséidon, l'Ébranleur de la terre, prit alors la parole : « Nous sommes trois, nés de Cronos et de Rhéa, trois frères : Zeus, puis moi, puis, le troisième, Hadès, qui règne sur les morts. Du monde on fit trois parts pour que chacun de nous obtînt son apanage, selon l'ordre et la justice ». Il dit, et Zeus, père des dieux et des hommes inconstants : « Malheur à celui qui brise ce partage et qui veut plus que ce que le Destin lui a imparti. Tu veux être l'un des Immortels ? Soit. Mais tu en auras aussi le fardeau ». Ainsi parla Zeus. Il ordonna à Hermès de servir de guide au divin Apollon et de lui montrer sans ruse aucune où étaient enfermées les fortes génisses. Le fils de Cronos fit un signe de tête, et le bel Hermès s'empressa d'obéir, car il se rendait sans peine à la pensée du dieu de l'égide.

Les deux enfants de Zeus se hâtèrent donc; ils parvinrent bientôt à la sablonneuse Pylos, sur les rives de l'Alphée. Hermès entra dans le ténébreux rocher et rendit à la lumière les fortes génisses. Apollon sentait une colère indicible gagner son cœur prompt à la vengeance. Cependant que le fils de Latone roulait en lui cent pensées fatales, Hermès, de sa main gauche prenant sa lyre, pinça en mesure les cordes. Sous ses doigts, l'instrument rendit un son retentissant. Le brillant Apollon sourit de plaisir, les divins accents pénétrèrent son âme et remplirent son cœur d'une puissante émotion. De vifs désirs de posséder cette lyre sonore se répandirent dans le cœur d'Apollon. Il s'adressa à Hermès en ces termes : « Esprit ingénieux et habile qui vole si adroitement les génisses, cinquante bêtes ne pourraient égaler le prix de tes chants. Désormais il ne s'élèvera plus entre nous que de paisibles débats. Mais dis-moi, ô fils de Zeus et de Maïa, d'où te vient cet art ¿ Quelle Muse peut ainsi dissiper les noirs chagrins ¿ Quelle est cette harmonie ¿ J'y trouve réunis toutes les voluptés, le plaisir, l'amour et le penchant au doux sommeil. Moi-même, compagnon habituel des Muses de l'Olympe, je ne goûtai jamais autant de plaisir en prêtant l'oreille aux refrains que répètent les jeunes gens au sein des repas. Fils de Zeus, je te parle sincèrement : je te le jure par ce dard de cornouiller ; je te reconduirai heureux et triomphant dans l'assemblée des Immortels ; je te ferai des dons magnifiques et jamais je ne te tromperai ».

Hermès lui répondit aussitôt par ces mots caressants : « Illustre Apollon, puisque tu m'interroges, je ne refuserai pas de t'enseigner les secrets de mon art : je veux te les apprendre aujourd'hui même ; je veux t'être favorable dans mes pensées et dans mes paroles, fils de Zeus, tu es fort et puissant, tu t'assieds le premier parmi les Immortels : Zeus te chérit à juste titre, il te comble de présents et d'honneurs. Puisque tu souhaites jouer de la lyre, chante, prélude, livre ton cœur à la joie en la recevant de mes mains. Accepte donc cette lyre, glorieux Apollon ». En disant ces mots, il présenta la lyre à Phébus. Alors saisissant la lyre de la main gauche, le fils de Latone fit résonner de mélodieux accords en mariant les accents de sa voix aux sons de l'instrument.

Ayant chanté, Apollon dit à Hermès : « Fils rusé de Maïa, j'ai peur que tu ne me dérobes maintenant mon arc et ma lyre. Tu reçus de Zeus le soin de veiller au commerce, aux échanges trompeurs des

*hommes qui vivent sur la terre féconde ; si tu consentais à faire le
grand serment des dieux en jurant par les ondes redoutées du Styx,
tu satisferais le vœu de mon âme.* Jure de ne point reprendre la
lyre ».

Le fils rusé de Maïa en fit le serment. Ce faisant, Hermès pour
jamais renonçait à la création et aux joies de fabriquer les
doux ouvrages de l'art, *qu'il abandonnait dorénavant à Apollon
Phébus. Enivré d'immortalité récente, Hermès ne voyait pas encore
combien il lui serait difficile, dans la suite des temps,* d'accorder
la stérilité de ses œuvres à la fertilité de son adroit esprit.
*Le désir d'immortalité d'Hermès avait rompu le fil de la partition
du destin. Dans sa volonté de devenir un dieu à part entière, en
luttant pour sa reconnaissance,* Hermès devait payer le prix de
la démesure. *Il avait voulu plus que sa part en volant les bœufs
d'Apollon ; il avait prétendu à celle d'autrui. Or cet orgueil devait
être châtié par Némésis la vengeresse, fille de la nuit.*

*En échange de la lyre, Apollon donna à Hermès un bâton magni-
fique, source de richesses et de bonheur, entouré de trois feuilles
d'un or pur. « Il sera pour toi d'un secours tutélaire et te permettra
de servir tous les dieux. Je te dirai encore, fils du grand Zeus et de
l'illustre Maïa, Hermès, divinité utile aux dieux mêmes, Tu seras
seul employé comme* messager fidèle *dans le ciel, sur terre, dans
le royaume de Hadès, et, quoiqu'avare, ce dieu ne te donnera pas
une vulgaire récompense ».*

*Il revint donc à Hermès d'être le messager immortel des dieux.
Il obtint de vivre toujours, mais jamais de parler de son propre
chef. Il dut vivre sous celui des autres dieux* qu'il lui fallait servir et dont il rapportait fidèlement les paroles. *Hermès, en
donnant sa lyre à Apollon, s'était sans le savoir condamné à la
servitude. Une fois immortel, limité par l'éternité à être le messager divin, Hermès perdit sa liberté. Désormais contraint de répéter
et de redire les propos d'autrui, ses discours, tragiquement, per-
dirent la qualité principale de la liberté :* l'imprévisibilité. *Tout
son labeur, toute sa quête, tout son travail de messager, toutes
ses réflexions sur le lot qui est le sien furent par la suite comme
un long effort pour recouvrer sa liberté perdue, une tentative de
retrouver sa voix, ses mots, de s'immiscer de quelque façon dans les
messages qu'il livre, de reprendre à Apollon la lyre qu'il lui avait
donnée.*

C'est ainsi qu'Hermès se mêle à la société des dieux et des hommes. Il est rarement bienveillant. Le plus souvent il trompe les mortels durant l'obscurité de la nuit, à la faveur des ombres qui avalent tout.

§ 1. Nous devons bien des erreurs à l'abus des mots et les sentences des philosophes célèbres naissent trop souvent de l'incontinence verbale. L'expérience montre que l'usage répété des effets du langage se fait toujours au détriment de la chose dont on parle. Celui qui, par exemple, place le mot « sincérité » à tout propos et à toute occasion parviendra difficilement à faire croire vraiment en sa loyauté, car l'abus du mot en ternit l'éclat. Les mots, contrairement à la petite monnaie, n'augmentent pas en valeur plus ils circulent ; ils gagnent à demeurer cachés, comme tout ce qui est beau et rare. L'homme d'esprit n'est donc pas celui qui est prodigue de mots, mais celui qui sait les thésauriser. Il connaît la valeur de l'exhortation : « *Favete linguis !*[1] ». Ce sage avant la lettre n'oublie pas qu'à travers la communication de leurs idées les hommes cherchent surtout à exprimer leurs passions. C'est là une chose que d'Alembert[2] avait jadis reconnue, en ajoutant qu'ils y parviennent par l'éloquence, laquelle s'adresse au sentiment alors que la logique parle à l'esprit. En effet, l'éloquence s'attache moins aux choses qu'aux hommes. Elle n'ignore pas combien ils aiment être flattés. Elle parle donc volontiers à leurs travers, qu'elle sait présenter comme des vertus[3]. Or, le pouvoir de l'éloquence n'est jamais aussi fort que là où il faut *connaître objectivement* les choses ; ceux qui ont profession de faire progresser les sciences recherchent certes la vérité, mais ils font tout en revanche pour cacher leurs insuffisances. L'éloquence – ou la verbosité – est le masque qui les dissimule, et la chaire, trop souvent hélas !, le théâtre où se joue la farce du savoir.

§ 2. Dans le domaine de l'esprit, *on trouve des idées qui,* venant de l'éloquence et s'adressant aux hommes,

---

[1] Horace, *Odes*, III, 1-2.
[2] Jean Le Rond d'Alembert dans le *Discours préliminaire* de l'*Encyclopédie*.
[3] Comme le faisait Démosthène avec les Athéniens.

au lieu de venir de la raison pour parler des choses, *n'ont qu'une existence de façade*. Il serait fastidieux de les répertorier tous – laissons à ceux qui croient qu'il n'y a de science que par les statistiques l'ennui d'en retracer le florilège. Limitons-nous plutôt au témoignage de l'optimisme leibnizien que Voltaire résumait dans son *Candide* par le « tout est bien ». Malgré la *Monadologie* et les démonstrations selon lesquelles le monde est le fruit d'un calcul divin (« *cum Deus calculat fit mundus* »), l'optimisme se heurtait à la réalité des choses. Candide fit en première personne l'expérience des idées qui n'ont qu'une existence de façade. Aussi, quand on tente de lui prouver qu'il ne serait pas heureux à cette heure, mangeant des cédrats confits et des pistaches, s'il n'avait été roué, mis à l'Inquisition, torturé et pendu, il répond que *cela est bien dit*, mais qu'il faut cultiver son jardin. Qu'il faille toujours *préférer la réalité des choses à la vaine faconde* est une grande leçon de ce conte.

§ 3.   Désormais, on s'instruit peu des contes. C'est chose qu'on laisse à l'enfance. L'homme fait ne paraît plus pouvoir s'instruire. Il est vrai aussi qu'à force de donner des leçons, on n'estime plus devoir en recevoir. Et pourtant ! Ce jeu de donner et de recevoir crée une sorte d'économie de l'intelligence. Si l'on était plus économe, on mettrait à profit cette leçon en se défiant davantage des idées de façade. En effet, les sciences de la nature progressent par la somme des vérités et des erreurs selon les règles strictes de la démonstration, tandis que les sciences de l'homme, elles, sont plutôt interprétatives et qualitatives. C'est pourquoi elles doivent se défier des idées de façade. La verve y pèse trop lourd. L'éloquence possède un empire tout particulier sur ce qui est interprétatif et, dans l'ensemble, sur tout ce qui jouit d'un caractère *subjectif*. C'est du reste le trait du subjectif que de s'adresser seulement *à l'homme plutôt que de parler des choses*. Dans ces disciplines, convaincre ou persuader

ont plus d'importance que le fait d'instruire et
d'éclairer.

§ 4. La « traductologie » est l'une de ces sciences subjec-
tives. Discipline réfléchissant sur la traduction, son
sens et ses méthodes, la traductologie (ou *Translation
Studies*) abrite nombre de concepts qui, à l'épreuve
d'un examen critique, viennent essentiellement de
l'éloquence de l'esprit. Les auteurs de ces concepts sont
comme le maître d'Abélard qui, lorsqu'il allumait son
feu remplissait sa maison de fumée sans cependant
l'éclairer. Ainsi peut-on lire dans les revues savantes
maints articles qui traitent de « l'agent traducteur qui
accomplit son action immergée », pour qui le traducteur est « habité par son *habitus* de traducteur » à partir duquel il entreprend « une analyse intuitive de la
signifiance du texte à traduire », cela afin « d'installer
le texte dans une communauté de destin », laquelle
assure, bien entendu, « l'à-venir lisible dans le texte-
cible » et la libération de « l'outre-langue ».

§ 5. Il faut éviter que le sens de la formule, fût-elle
brillante et suggestive, nous tienne lieu d'opinion.
Il faut faire en sorte que la considération que l'on a
pour les auteurs universellement célébrés et connus
ne vienne enfumer notre esprit critique. Les idées de
façade ont une *apparence* de vérité : la forme de leur
expression est une robe prétexte qui est bien loin de
cacher la maturité de l'esprit. Ainsi fait Paul Ricœur
quand il écrit que le traducteur « trouve sa récompense dans la reconnaissance du statut indépassable
de dialogicité de l'acte de traduire comme l'horizon raisonnable du désir de traduire[1] ». Plusieurs
en feraient certes leur miel et pourraient même produire, laborieuses abeilles, deux ou trois articles pour
butiner aux colloques universitaires d'Erzeroum ou
de Thunder-ten-tronckh. Toutefois, si l'on considère toute la préciosité de la formule, il semble

---

[1] Paul Ricœur, *Sur la traduction*, Bayard, Paris, 2004, p. 19.

qu'au lieu d'éclairer le sujet, Ricoeur l'embrouille considérablement[1]. Il y a dans cet hermétisme, dont le mot même dénonce l'action secrète d'Hermès, *une stratégie de l'incompréhensible* qui n'exprime jamais que le dépérissement de la culture. L'érudition est un ornement de l'esprit, une aigrette qui en rehausse l'éclat, non son vêtement tout entier. Jamais couronne n'a caché nudité de roi[2].

§ 6.   Cette façon de faire, où la verbosité et l'esprit sententieux se suivent comme la chacone et la passacaille, est d'une considérable nuisance pour les « nouvelles » disciplines humanistes, parmi lesquelles on compte la « traductologie[3] ». L'habitude à ergoter empêche de poser correctement les problèmes – *more geometrico* dirait Spinoza – jetant ainsi les chercheurs dans d'interminables chicanes d'écoles où le fond des choses disparaît au profit des commentaires ou du

---

[1] Dans le même ordre d'idées, on consultera le chapitre sept de l'ouvrage d'Henri Meschonnic, *Un coup de Bible dans la philosophie*, Bayard, Paris, 2004, p. 61-73. Meschonnic, dont les leçons ne semblent pas avoir été entendues par tous les théoriciens de la traduction, est un maître pour dépister ces idées de façade. On pensera ici à son livre *Le langage Heidegger* qui dénonce avec rigueur la logologie de la philosophie du « maître de Messkirch ».

[2] Sainte-Beuve disait quelque part dans *Mes poisons* que l'érudition n'est rien si elle n'est tempérée et organisée par le *goût*, c'est-à-dire que toute connaissance doit être mesurée *par quelque chose d'humain*.

[3] L'intérêt pour la traduction remonte aussi loin que l'Antiquité, mais les différents traités qui abordent la traduction, pensons à Cicéron, à Quintilien, à saint Jérôme, à Leonardo Bruni, à Étienne Dolet, etc., tendent à dire *ce que doit être* la traduction et développent *de facto* une réflexion méthodologique. L'idée de réfléchir sur la traduction pour déterminer *ce qu'elle est* représente une idée, somme toute, moderne dont on peut retracer les premiers éléments parmi les romantiques allemands.

conflit des interprétations[1]. Quand il ne s'agit pas de gloses qui n'illustrent que l'orgueil de leurs auteurs, on donne dans le byzantinisme et la réflexion s'abîme pour départager qui de Swedenborg ou de Dante entendait le mieux les Écritures : le premier, qui considérait que chaque mot dans la Bible avait au moins deux sens, ou bien le Florentin, qui soutenait qu'il y en avait quatre pour chaque verset. Graves problèmes[2].

§ 7.   Les *humanitates novæ* courent toutes le péril de tomber dans les excès théoriques, quand lors elles ne sont pas dotées de fondations solides, ou bien quand on ne reconnaît pas que les problèmes qu'elles soulèvent l'ont déjà été par des disciplines autrement plus antiques et aux bases mieux assurées. Emportées par un enthousiasme théorique – qui suit la nécessité impérative des universitaires d'écrire des articles, contribuant ainsi, pur paradoxe, à l'éclatement du savoir plutôt qu'à son unification –, les nouvelles sciences humaines sont frappées de plein fouet par un certain esprit postmoderne.

§ 8.   Pour le postmodernisme, l'époque actuelle est au-delà de la modernité, dans la mesure où celle-ci est consciente des limites, voire même de la fin, du progrès continu de l'Histoire. Le postmodernisme affirme que la modernité a construit *un sens unitaire du réel*, sens qui s'articule autour de grands mythes :

---

[1]   Le débat entre Rorty et Eco à la fin des années 1980 levait d'ailleurs cette fâcheuse tendance à tout réduire en interprétation où finalement, comme Lichtenberg le disait à propos de Jacob Böhme, un ouvrage est comme un pique-nique où l'auteur apporte les mots et le lecteur, lui, le sens. Voir Umberto Eco, *Interpretazione e sovrainterpretazione*, Bompiani, Milan, 2002, p. 34-43 (entre autres).

[2]   Quand on désire prendre la mesure de cette oisiveté de l'intelligence, il suffit de songer que Wordsworth, auquel le génie ne faisait pourtant pas défaut, est l'auteur d'un *Essai sur les épitaphes*.

celui de l'idéal d'émancipation des Lumières (le monde est en progrès, l'attitude morale dominante est l'optimisme et la raison est un principe d'ordre) ; celui de la téléologie de l'esprit de l'idéalisme (le monde a un sens objectif que l'on peut percer par l'analyse logique) ; celui de l'herméneutique (l'interprétation est le dénominateur commun du savoir). Le terme de ce progrès annonce la fin des explications *synthétiques et unitaires* du monde et inaugure, comme méthode d'approche, le *déconstructivisme*. Cette approche oppose au caractère unitaire du réel la multiplicité des formes, substitue une sorte de rationalité plurielle à l'unicité de la raison, et disqualifie l'unité des connaissances au profit de la *fragmentation* et de la *régionalisation* du savoir. Cela explique l'efflorescence de plusieurs disciplines qui segmentent à l'excès le champ des idées. L'explosion des secteurs traditionnels de la philosophie (logique, métaphysique, éthique) en une myriade de sous-disciplines qui perdent de vue le sens de l'ensemble en est un exemple. On trouve ainsi des nouveaux ensembles disciplinaires qui amalgament les genres, pensons à la psycholinguistique, ou bien à la traductologie, qui mélange études littéraires et critique du discours, sociolinguistique et idéalisme, herméneutique et philosophie analytique, au gré des vogues du moment. Cette perte de l'esprit d'unité dans les connaissances est le résultat, plus ou moins clairement avoué, de la pensée postmoderne, laquelle est relativiste, antisystématique, intuitionniste et, en définitive, *obscurantiste*.

§ 9.   Pour la traductologie, la perte du sens unitaire du réel signifie la construction de théories de la traduction qui *remettent en cause le sens unitaire de l'original* et entraînent le développement *d'approches sectorielles du texte*. Ainsi parle-t-on de traduction de l'Étranger, de la Pure langue, de traductions interculturelles, de traductions « citoyennes », etc. *Walter Benjamin* représente l'une des premières éminences grises des griseries théoriques modernes en traduction, pour qui il est impossible de définir le concept d'exactitude dans la transmission des formes et des significations[1]. Le philosophe espagnol Ortega y Gasset est une autre autorité.

§ 10. Dans *Misère et splendeur de la traduction*[2], Ortega y Gasset affirme que tout ce que fait l'homme est touché de la marque de l'utopie. Cette utopie frappe avant tout la connaissance, puisque l'homme, avide de connaissance, ne parvient jamais à étancher sa soif du savoir, ni à parvenir à quelque certitude objective que ce soit par rapport à ce qu'il sait. Montaigne et le doute sceptique de l'époque baroque en représentent les plus éloquents témoignages. Historiquement, on voit que l'homme est toujours tourmenté par le désir de réaliser des entreprises irréalisables. Comme toutes les autres activités humaines, la traduction est marquée elle aussi du sceau de l'impossible : elle représente une entreprise noble, certes, mais profondément utopique. Du reste, affirme Ortega y Gasset, tout effort de communication humaine est utopique, puisque pouvoir exprimer sa propre pensée est pure illusion. On ne parvient jamais à exprimer parfaitement les pensées qui nous habitent. Les limites naturelles du langage sont telles que l'entreprise de s'exprimer parfaitement dans sa langue maternelle est une utopie, imaginons maintenant dans une langue étrangère ! Il faut conclure que le langage est comme le miroir déformant des intentions humaines et que, de façon

---

[1] Ce qui pousse à voir dans la traduction non pas une affaire de *texte* (et donc de sens), mais de *langue* (et, par conséquent, une affaire de *possibilité* d'expression – ce qui définit une approche transcendantale de la discipline). Sur Benjamin, voir *infra* § 50.

[2] Nous suivons l'édition espagnole du texte « Miseria y esplendor de la traducción » in José Ortega y Gasset, *Obras completas*, tome V, *Ideas y creencias* (1940), Revista de Occidente, Madrid, 1947.

générale, le langage est un obstacle à l'intelligence et à l'intelligibilité de l'être humain. La traduction, expression toujours et déjà inadéquate du transfert linguistique, est une activité radicalement impossible et profondément utopique.

§ 11. Ces idées sont prodigieuses, car nous avons tous ressenti l'incapacité de nous livrer complètement à l'autre, claustration de l'âme qui trouve peut-être dans l'œuvre de Kierkegaard sa présentation la mieux accomplie. Ces idées sont inouïes, cependant il est du devoir de tout homme sérieux de *les mettre à l'épreuve de la réalité* et d'abord en se demandant s'il est bien sérieux de nier le rôle du langage et de la communication, puis de s'en servir pour exposer sa propre pensée. Si la thèse d'Ortega y Gasset est vraie, elle qui a des corollaires en traduction, alors elle tombe elle-même sous le sceau de l'impossibilité (car on ne peut s'exprimer complètement, d'où l'impossibilité de tout acte de communication) et il devient impossible d'en débattre ou d'en juger. Sous couvert d'une incapacité du langage à rendre parfaitement le contenu de la pensée, on fait un abus de mots, de locutions étranges, de phrases contournées et indéchiffrables pour les profanes. Devant cela, on serait tenté de faire la réponse que fit Hamlet à Polonius : « *What do you read, my lord¿* » « *Words, words, words*[1] ».

§ 12. On sait comment l'abus des mots a pu être fatal à la philosophie – et ce, à partir du XVIIIe siècle – elle qui pouvait pourtant se targuer d'une existence plus d'une fois millénaire. Combien plus fâcheux peuvent en être les excès dans une discipline comme la traductologie aux principes à définir ! Mais cette « dérive postmoderne » des études sur la traduction participe-t-elle seulement de l'esprit de l'époque – celle d'une obscurité qui est le fruit

---

[1] *Hamlet*, acte II, scène 2.

de lumières devenues aveuglantes – ou de cette
« stratégie de l'incompréhensible » que l'on évoquait plus haut, ou bien ne représente-t-elle pas le
symptôme éclatant d'un mal qui touche, depuis fort
longtemps, cette activité noble et périlleuse qu'est
la traduction ? En somme, l'abus des mots, l'excès
théorique, l'afflux des dissertations amphibologiques
ne pourraient-ils pas tous être regroupés et mis en
théorie à leur tour, mais comme les signes d'une
maladie de la communication qui trouverait dans
la figure mythologique d'Hermès son alpha et son
oméga ?

§ 13.   Il faut, en science, procéder du connu à l'inconnu,
de même qu'en algèbre quand on désire établir la
valeur de « x ». La réalité effective précède toujours
la réalité supposée. Ainsi, en traduction, le *texte* précède toujours la *théorie* et, dans une certaine mesure,
il la fonde. Dans le domaine de la traduction, le problème classique est celui de l'esprit ou de la lettre.
Que traduire ? Madame Dacier prétendait qu'à trop
observer la lettre, on ruinait immanquablement
l'esprit ; Chateaubriand assurait avoir calqué le
poème de Milton « à la vitre ». Que faire ? Les traductologues cherchent une théorie de la traduction à
partir de cette dualité méthodologique entre l'esprit
et la lettre, et d'une opposition de fond entre le texte
de départ et le texte d'arrivée. Steiner prétendait
qu'en définitive la traduction n'avait jamais dépassé
cette dualité, et Nabokov que l'on falsifie l'auteur
dès qu'on en veut rendre l'esprit. N'insistons pas sur
le péril logique de parvenir à une théorie unifiée à
partir d'une dualité de principe. Soulignons seulement que cette opposition fondamentale est suffisamment difficile, sans y joindre la parole débridée
et l'esprit de contradiction. Certes, les Jésuites ont
toujours soutenu qu'il fallait construire avec les
pierres qu'on nous lance, mais il semble que l'exercice soit périlleux lorsque ces pierres proviennent de
la tour de Babel.

§ 14. Pour décider entre l'esprit ou la lettre, il convient
que le traducteur s'interroge d'abord sur le sens de la
proposition qu'il traduit. De façon générale, si l'on
a la volonté de donner une cohérence systématique
aux choix auxquels on a procédé, il est impératif de
développer une théorie générale du sens des propositions, dont les fondements permettraient de choisir objectivement de traduire l'esprit ou la lettre d'un
texte. Cette entreprise est plus qu'une opération linguistique. Si l'on admet que le langage est un modèle
irremplaçable de recherche sémiologique[1], il se prête
aussi, à travers cet art qu'est la littérature, à un usage
esthétisant qui déplace le sens du signe de son rôle
formel dans le langage. C'est en ce sens que Barthes
parlait du devoir de l'écrivain de signifier la littérature, nous invitant à ne pas réduire toute entreprise
sémiologique à la linguistique[2]. Tout signe est une
énigme, disait Alain avec à-propos[3]. L'art littéraire
inscrit d'emblée la sémiotique du langage en *esthétique*, ce qui pousse à tenir compte, dans le langage,
de l'usage qui en est fait comme élément constitutif
du sens du langage. Avec une prise en compte du
sens esthétique du langage, il faut aussi considérer le
sens logique des propositions (quand la traduction
d'une proposition est-elle vraie ou fausse ?) comme
fondement d'une théorie possible de la traduction.
Enfin, puisque le rapport entre le lecteur et le texte
est, lui aussi, chargé de signifiances, une théorie de
la traduction ne peut se passer d'une *théorie de la
lecture*[4].

§ 15. Les mots ont un sens. Penser ou réfléchir sur le
langage, tel que le font tous les traducteurs, cela
revient à s'inscrire au cœur de ce système de sens

---

[1]   Voir Gérard Genette, *Figures I*, Seuil, Paris, 1966, p. 189.
[2]   Roland Barthes, *Le degré zéro de l'écriture*, Seuil, Paris, 1972,
      p. 8.
[3]   Alain, *Propos de littérature*, Gonthier, Paris, 1964, p. 11.
[4]   Voir *infra* § 118 et ss.

et, en quelque sorte, comme en tout système, s'y trouver enfermé. Le traducteur vit avec intensité cet enfermement dans le langage. Traduire, ce n'est pas faire reculer ces limites, mais tout au contraire les éprouver cruellement et, dans certains cas, en souffrir. La traduction est l'expression d'une souffrance, comme celle de la nymphe Écho qui n'existait que comme périphrase, en transformant le pur chant originel en un cri lointain. Prenons l'exemple d'une œuvre qui est le fruit de l'imagination de son auteur, avec tout ce que l'imagination a de fugace, d'aléatoire et de transitoire. La traduction de cette œuvre, quant à elle, s'organise à partir d'autres critères. Elle s'élève plutôt autour de l'analyse rationnelle du sens du texte. Ce qui est une percée esthétique dans l'original peut ainsi représenter un problème objectif de compréhension et d'interprétation dans la traduction. Dans le passage de l'*image subjective* de l'original à l'*image objective* de la traduction, il y a nécessairement la perte des qualités fondamentales de l'image. Il s'agit moins ici d'une perte de sens, que de *la difficile transition d'une catégorie à une autre*. De là ce sentiment d'enfermement dans le langage qu'éprouve le traducteur. À cet égard, celui-ci s'apparente à Hermès, le dieu messager, lui-même enfermé dans son va-et-vient incessant entre l'auteur du message et son destinataire. Hermès est prisonnier du *contenu* du message qui ne lui donne aucune liberté (Hermès ne dit pas ce qu'il veut), mais aussi par la *forme* qui l'éclipse complètement comme individu (il ne le rapporte pas comme il le veut)[1]. Plus qu'aucun autre dieu, Hermès est celui qui ressent pleinement l'angoissante claustration du langage. Tous ses efforts viseront alors à recouvrir sa liberté et à se faire reconnaître comme dieu à part entière. Cette lutte pour la reconnaissance opposera Hermès

---

[1] Le cinquième chant de l'Odyssée montre aussi qu'Hermès est contraint dans son travail par Zeus qui lui ordonne de paraître malgré lui (*Odyssée*, V, 102).

à Apollon, dieu des arts, qui possède à l'égard du langage cette liberté qui manque au fils de Maïa. *Le complexe d'Hermès*, c'est cette quête de reconnaissance de celui qui, plus qu'aucun autre, souffre de l'enfermement dans le langage et de l'étroitesse de son rôle – pourtant décisif – dans le processus de la communication[1]. Cependant, Hermès n'est pas le dieu de la contemplation (θεωρία), cela revient à Apollon. Ce fait, d'apparence anodine, est toutefois lourd de conséquences. Ne signifierait-il pas que tout effort théorique d'Hermès, que tout travail de réflexion sur son activité, est destiné à se résoudre à des considérations méthodologiques d'ordre pratique ?[2] Ne signifierait-il pas que, s'il veut comprendre le sens de son activité, il doit la déplacer du champ de la *communication* à celui de l'*esthétique* et, pour ainsi dire, recouvrer la lyre donnée au dieu des arts ? En d'autres termes, les différentes « théories » de la traduction ne seraient-elles pas autant de manifestations d'un *complexe d'Hermès* ? Ne seraient-elles pas autant d'efforts pour restaurer une discipline considérée comme étant secondaire, une tentative de farder la figure du traducteur qui apparaît trop souvent insignifiante face à celle de l'auteur ? Ne seraient-elles pas la volonté de donner au message traduit la

---

[1] L'humaniste italien Leonardo Bruni, grand traducteur et auteur du premier essai moderne sur la théorie de la traduction (le *De interpretatione recta* – 1420/26), esprit d'une rigueur au-delà de tout soupçon, jugeait bon, vers 1406, d'envoyer sa traduction de la *Vita Marci Antonii* de Plutarque à Coluccio Salutati, autre grand humaniste, afin que quelqu'un pouvant juger vraiment les mérites de la traduction (*huius etatis doctissimi et eloquentissimi viri*), sache qu'il ne faut point attribuer tout ce qu'il y a de bon dans le texte traduit à l'auteur et tous les défauts au pauvre traducteur. Cet âpre besoin de reconnaissance témoigne bien, à l'aube de la Renaissance, du complexe d'Hermès.

[2] Hermès est aussi le dieu des routes. Sous cet angle, il est le dieu de la méthode (μέθοδος = chemin, voie), celui des procédés suivis pour parvenir à un but.

valeur oraculaire de l'original ? L'expression résolue
d'élever Hermès au rang d'Apollon ?

§ 16. Par sa pertinence intemporelle, la Grèce antique
représente la véritable maturité de l'Occident, si
bien que toute l'Histoire ne semble jamais, quoi
qu'en ait pensé Hegel, qu'une façon sophistiquée de
retomber en enfance. On ne doit pas à l'Antiquité
que ses sublimes images mythologiques ; nous lui
sommes aussi redevables des premières réflexions
sur le langage. Autant que l'on sache, ce sont les
stoïciens qui, combattant l'action des cyniques,
considéraient que la science est nécessaire au bonheur et à la vie vertueuse, ce qui les excita à développer la logique et, avec elle, *une théorie du langage.*
Les stoïciens reconnurent toute l'étendue du problème du langage et de la communication. Puisqu'il
consiste en actions ou encore en symboles, le sens
du langage participe d'une organisation formelle, et
une analyse des propositions ne peut la négliger. Le
langage sert également à exprimer des états d'âme,
une *réalité subjective,* si bien que les signes du langage
peuvent se charger d'une connotation subjective qui
module la relation signe/sens propre au langage.
Enfin, le langage décrit, énonce, formule, dénote la
réalité objective du monde. Ainsi, une théorie efficace
du sens du langage doit considérer qu'il s'organise
autour de la *grammaire,* de la *rhétorique* et de la *logique.*
Par la logique, les stoïciens entendaient la science
qui a pour objet les λὸγοι, c'est-à-dire les discours.
Comme science des discours continus, la logique
devient la *rhétorique,* comme science des discours
divisés en questions et réponses, la logique devient
dialectique[1]. Comprendre le sens d'une proposition,
le fait de pouvoir la traduire, suppose donc que l'on
sait *où se situe le sens* de celle-ci : au niveau de son

---

[1]   Voir à cet égard Diogène Laërte, *Vie, doctrines et sentences
des philosophes illustres,* VII, 42 et Sénèque, *Lettres à Lucilius,*
Lettre 89.

organisation formelle, de son organisation psychologique ou dans son rapport objectif avec le réel[1]. Le problème qui est à la base de la détermination du sens du texte à traduire est le même que celui qui se trouve au fondement du sens des propositions : le *critère* de vérité. Or ce critère est-il l'esprit ou encore la lettre ? À qui donc être fidèle ?

§ 17.   Il y a sur la voie de la fidélité un lien secret entre la traduction et l'art du portrait. Le portrait, « chose divine » pour maints humanistes, est la manifestation du doux désir de perpétuer le souvenir du visage de soi ou d'autrui. Sa place en art est particulière, car tandis que la conception esthétique classique se fondait sur l'idée de *mimesis*, le portrait, qui se veut aussi une imitation – et, comme telle, voué à la fidélité – est une imitation qui est fille d'une technique. Il entend perpétuer la beauté, mais, à travers le travail de l'artiste, perd ses qualités naturelles pour prendre celle de l'art. La fidélité du portrait n'est pas fidélité à quelqu'un, mais à une *technique*, à une façon de voir, à une *intention* aussi. Simone Martini avait peint pour Pétrarque un portrait de sa Laure bien-aimée, un portrait qui était davantage une idée sublime au sens platonicien du mot, plutôt qu'une œuvre de nature, ressemblante dans les détails, identique en tout point, en un mot : *fidèle*. La fidélité du portrait peut être envers l'intériorité de la personne peinte, ou bien envers son rang social que l'artiste veut représenter. En 1539, Henri VIII envoya l'un des peintres de sa cour, Hans Holbein le Jeune, faire le portrait d'Anne de Clèves. Le peintre fut fidèle, mais à Cromwell – qui avait des visées politiques – et non à la Nature qui, envers Anne, avait été peu prodigue de vénustés. Le mariage

---

[1]   Pour plus de développement, on consultera Karl Popper, *La connaissance objective*, Flammarion, Paris, 1991, p. 245-293. Pour les stoïciens et quelques exemples, voir spécifiquement les p. 250-251.

se fit, mais il ne fut pas heureux. Le portrait trop fidèle à la Nature peut lui aussi être néfaste, comme le furent le portrait du conte de Gogol, ou le plus fâcheux portrait de Dorian Gray. La traduction est un peu au texte de l'auteur ce qu'est un portrait en regard de l'original. Une œuvre dont la fidélité est une qualité fondamentale, mais dont il faut savoir si elle s'accorde à la nature ou à l'art, si elle appartient à Hermès ou à Apollon.

§ 18.   La difficulté perpétuelle qui angoisse Hermès et qui lui noue la gorge quand il entreprend ses voyages est celle de la *fidélité*. On peut se l'imaginer, répétant chaque mot du message qui lui a été confié afin de n'en oublier un seul, ânonnant tel l'enfant devant son pédagogue ; le voici qui ralentit son pas ailé pour répéter sans voix chaque sentence qui résonne en lui selon le même ton qui fut celui de Zeus porte-égide. Il est là qui s'abreuve près d'une source où il a l'habitude de goûter un peu d'ombre. La mélancolie le surprend bientôt et son âme immortelle se contriste, elle devient dolente tandis qu'elle considère l'éternité de sa servitude. Hermès pense : « Zeus ne m'a-t-il point caché la vie et abandonné aux tristes soucis en ne faisant de moi qu'un messager ? Devrais-je à jamais m'effacer, ou bien puis-je me rebeller en me révélant à travers les mots d'autrui ? » Il dit. Il se ressouvient alors comment, pour s'assurer qu'il ne saurait mentir, Zeus l'avait contraint à placer « l'esprit retors de chienne » et les paroles chatoyantes, que lui seul possédait, dans le cœur de Pandore aux mille maux[1]. À lui, Hermès, il ne devait plus lors rester que la vérité, cette terrible vérité qui s'agriffe aux faits. Il lui revient en mémoire ses heures de rébellion quand, en révolte contre son rôle subordonné, il avait participé aux gestes humaines. Ainsi ce jour où exploitant toute sa πείθω, son art de la persuasion, il soutint la noire vengeance d'Oreste et

---

[1]   Hésiode, *Les travaux et les jours*, 65.

d'Electre[1]. Combien de fois l'habile langage qu'il inspira à Ulysse ne fut pas pour le dieu un sujet de délectables satisfactions[2] ? Guide des chemins, souventefois il avait égaré le voyageur en le livrant à la malemort ou aux voleurs sans repentir. C'est ainsi qu'Hermès réchauffe son cœur, c'est ainsi qu'il a l'impression d'exister ! Sans considération pour les heures qui ne fuient sans rémission que pour les mortels[3], Hermès songea avec satisfaction aux surnoms que les hommes mangeurs de pain lui donnent : Hermès *Polymetis* (aux mille ruses), Hermès *Amechanos* (qui ne peut être pris au piège), Hermès *Athiktos* (insaisissable), Hermès *Poikilos* (le chatoyant, le trompeur)[4]. Il y avait une anecdote qui se rapportait à chacun de ces surnoms, et combien ne ressent-il pas l'ivresse de la liberté en y songeant ! Mais Zeus le poursuit sans cesse de ses vengeances... Hermès rougit en songeant à ses amours avec Aphrodite et comment l'extase passagère auprès de la plus belle des déesses fut maudite par la naissance d'un monstre[5] ! La songerie d'Hermès au souvenir

1 Eschyle, *Les Choéphores*, I, 726-728.

2 Sophocle, *Philoctète*, 134 ; Homère, *Odyssée*, XIX, 394.

3 Virgile, *Géorgiques*, III, 284.

4 Ne pourrait-on pas voir ici certaines des « qualités » que l'histoire a attribuées aux traducteurs qui, bien davantage qu'en saint Jérôme, trouvent en Hermès leur patron et leur guide ?

5 Hermaphrodite, la bien nommée. Pan est un autre fils d'Hermès, lui aussi marqué du sceau de la difformité. Ce qu'engendre Hermès a ainsi ce caractère mixte à mi-chemin entre l'ordre de l'espèce et le désordre de l'exceptionnel. De même le texte traduit, qui est une créature hybride qui porte les marques de l'original insérées dans les caractéristiques de la langue d'arrivée. L'ambivalence, la mixité, l'amalgame et l'alliage : ce sont là autant de caractéristiques des rejetons d'Hermès. Le texte traduit – comme Hermaphrodite, nourri par les naïades, comme Pan, aux cornes entourées de pin – possède cette hybridation des formes et l'ordre composite du fond. Hermaphrodite en

de son enfant fait alors frémir l'onde de la source fraîche. Il doit se hâter pour livrer le message! Il se dresse, s'avance au bout d'un rocher et, juste avant de prendre son envol, il lève les mains vers le ciel, comme s'il tenait à se défaire de je ne sais quel fardeau. Ses paumes lisses caressent mystérieusement l'azur et, tout près de s'élancer, il repense au message. Il entend une fois encore cette voix qui murmure en son âme : *Sois fidèle! Sois fidèle! Sois donc fidèle!* Cette angoisse ne l'abandonne jamais, où qu'il aille. C'est la même qui tenaille le traducteur quand, tel Hermès, il réfléchit sur son métier, essayant de définir les termes de cette fidélité. C'est la même qui l'assaille lorsqu'il désire, comme le dieu, déposer le fardeau de l'angoisse tout auprès de la source ombrageuse.

§ 19.   Les théories de la traduction permettent-elles de définir la *fidélité*[1] et de décharger ainsi Hermès de toutes les appréhensions liées à sa responsabilité? Témoignent-elles d'une réflexion disciplinaire ou plutôt d'une *thématisation* des problèmes propres à la traduction en fonction des modes philosophiques et épistémologiques du moment? Les allusions à l'*intuition*, à l'*habitus*, au *flair*, à la *science de l'inexactitude*, à la *littéralité spiritualisée* et à l'*esprit sécularisé dans la lettre*, plutôt que de réfléchir sur la traduction ne trahissent-elles pas plutôt une approche « métaphysique » d'une discipline pragmatique? Veulent-elles comprendre le travail du dieu ou bien

---

représente souverainement la combinaison. Quant à Pan, il résume toute la dualité de l'imitation, lui qui est mi-homme, mi-bête. Jusque dans leurs noms (*Herma-phrodite* — Hermès + Aphrodite — et *Pan* — le tout), les enfants d'Hermès expriment cette ambivalence entre l'esprit et la lettre, puisqu'ils sont, justement, la divine union des deux. Sur Hermaphrodite, Ovide, *Métamorphoses*, IV, 383 et ss; sur Pan, Apollodore, *Bibliothèque*, I, 4, 1.

[1]   La fidélité comprise idéalement comme ce qui départage l'esprit et la lettre.

seulement le soulager un instant des angoisses de
sa tâche ? Il est intéressant de constater que dans
la *Politique*[1], Aristote, s'interrogeant sur la communication, distingue celle qui s'exprime par la *phonè*
(la voix) et cette autre qui utilise le *logos*. Il posait
de la sorte la première opposition entre la lettre et
l'esprit. Il ne parlait pas de fidélité. Cependant, la
communication/logos, qui permet d'exprimer des pensées, possède une certaine extension dans le temps
que n'a pas la *communication/phonè*. Cet aspect invite
à voir dans le message que transmet Hermès au pas
rapide *une dimension temporelle fondamentale*. Si la
temporalité est essentielle au message, son interprétation est donc, elle aussi, liée à tous les avatars de
la temporalité. À cet égard, vouloir parler de traduction *sub speciae aeternitatis*, elle qui est un art *appliqué*
de l'interprétation, c'est négliger que toute traduction, avant d'être traduction d'un texte, est traduction de la pensée de l'époque d'où elle vient. L'un
des problèmes des théories de la traduction est de
négliger cet aspect temporel tout à fait pragmatique,
et de croire que l'on peut réfléchir « en soi » sur le
travail du traducteur. Cela aussi dénote *un complexe
d'Hermès*, car cette fuite théorique manifeste le dessein d'échapper à l'angoisse du message et aux pressants appels de la fidélité.

§ 20.   De même qu'Hermès recevait son message directement de Zeus, conférant ainsi à celui-ci une sorte
de sacralité, de même la réflexion sur la traduction
s'est développée à partir d'une sorte de mystique
du sens qui convergeait avec une mystique de la
lettre, dont le texte sacré qu'est la Bible peut être
un exemple. Avec la Bible a grandi l'idée d'un sens
du texte qui, venant de Dieu, serait transcendant au
texte lui-même, un sens qui échapperait à l'esprit et
à la lettre. Devant la toute-puissance de l'Auteur, le
traducteur s'anéantit ; devant la puissance du Père

---

[1]   Aristote, *Politique*, 1253a 9-12.

des dieux, Hermès n'est qu'un insignifiant laquais tourmenté par sa tâche. Le travail du traducteur devient alors authentiquement problématique puisque sa tâche d'herméneute se double d'une fonction thaumaturgique. En effet, l'original sacralisé se dérobe alors aux tentatives d'insérer la vérité du texte dans sa dimension sociale et historique, pour faire ressortir ce qu'il peut y avoir dans la traduction de mystérieux, d'ineffable, d'indicible. Cette sacralité de l'original, trait dominant de l'esthétique et de la religion, étendue à tous les textes, veille à ce que l'activité traductrice, détachée de l'objectivité par le transcendantalisme du sens, relève, *non plus de l'analyse logique, mais d'une mystique du sens* où l'on retrouve des concepts vagues comme la *fidélité*, l'*affinité*, la *ressemblance*, l'*inspiration*, la *visée*. À travers les théories qui s'assimilent souvent à une sorte d'esthétisme métaphysique, Hermès, qui depuis toujours voulait s'imposer et contrer son insignifiance en regard du message, a ici trouvé une voix, une *phonè* : l'*hermétisme*, cette stratégie de l'incompréhensible évoquée plus haut, où l'activité pragmatique devient une activité théorétique. Hermès fait alors de son travail le point supérieur de l'enivrement divin, où l'on se saoule de mots sans égard à leur sens. *L'ivresse hermétique* – symptôme spectaculaire du complexe d'Hermès – affirme par exemple que si l'on enlève d'une traduction tout le communicable, le travail du traducteur demeurera néanmoins intact[1] ; ou bien il postulera l'impossibilité absolue de toute communication humaine avec force volonté de convaincre – et donc de communiquer – ce qui n'est pas un petit paradoxe[2].

---

[1] C'est la surprenante conclusion de Walter Benjamin in *Gesammelte Schriften,* hrsg. v. R. Tiedemann u. H. Schweppenhäuser, Suhrkamp, Francfort-sur-le-Main, 1972, t. IV, p. 9-21.

[2] Comme l'a fait Ortega y Gasset dans *Misère et splendeur de la traduction*, voir *supra* § 10.

§ 21.   Parmi ces ivresses hermétiques, l'une des toutes
récentes gueules de bois est « l'éthique de la traduction ». Sans en refaire la généalogie, soulignons qu'elle
s'inscrit dans une tendance contemporaine – depuis
les travaux d'Appel et d'Habermas – à inscrire la
communication, et tout particulièrement le langage,
dans des prétentions de validité (*Geltungsansprüche*)
comme la compréhension, la véracité, la justesse, etc.,
qui sont empreintes d'*une valeur éthique*. L'éthique y
est investie d'un pouvoir d'analyse pragmatique de
la valeur des propositions. Les publications récentes
dans les revues spécialisées ou encore les ouvrages
particuliers sur l'éthique de la traduction entendent
d'ailleurs montrer qu'elle est *davantage qu'un présupposé déontologique*. En fait, elle impliquerait *une stratégie en amont du texte à traduire*, une sorte d'*a priori*
catégorielle, pour dire la chose à la façon de Kant,
qui donnerait une forme à la traduction, indépendamment des difficultés du texte de départ. Ainsi,
on considère que de communiquer « l'étrangeté »
du texte de départ dans la langue d'arrivée constitue une attitude éthique, comme est « éthique » tout
travail de traduction qui ne tente pas de dissimuler
à tout prix l'altérité du texte à traduire. L'accueil de
l'autre et, en un sens, de « l'Étranger », représenterait la façon éthique de conduire une traduction,
dans la mesure où l'altérité du texte constitue –
comme le message qu'il transmet – un élément fondamental et essentiel du sens que doit rendre le
traducteur. Toute tentative d'adapter le texte de
départ aux catégories linguistiques et intellectuelles
de la culture d'arrivée constitue, *de facto*, une pratique déviante de la traduction et, comme telle, une
faute éthique. La traduction se situe alors au cœur
de ce qu'il convient d'appeler un *échange intercul-
turel* où l'étranger est accueilli comme « Étranger »
et « l'étrangèreté » du texte source forme l'élément
de sens principal. Cette construction théorique se
fonde sur une conception de l'éthique comprise
comme étant « l'accueil de l'altérité » qui établit,

d'une certaine façon, la « vérité de la traduction[1] ». D'un même souffle, « l'acte éthique consiste à reconnaître et à recevoir l'Autre en tant qu'Autre. [...] Or, la traduction, de par sa visée de fidélité, appartient *originairement* à la dimension éthique. Elle est, dans son essence même, animée du *désir d'ouvrir l'Étranger en tant qu'Étranger à son propre espace de langue[2]* ».

§ 22.   Cette façon de voir est celle d'Antoine Berman, et sert d'armature théorique à *l'exigence de littéralité* qu'il voit en traduction. Bien qu'il y ait des nuances parmi les chercheurs – car il faut se distinguer –, la notion d'une éthique qui met en jeu dans l'acte de traduction, les concepts de même et d'autre, d'identité et d'altérité, demeure un point ferme. Antoine Berman s'inscrit contre la négation systématique de l'étrangeté de l'œuvre étrangère. C'est ce qui nourrit la nécessité de dégager une *éthique de la traduction*. Celle-ci est présentée dans son ouvrage *Pour une critique des traductions : John Donne*, comme un critère qui permettrait d'évaluer les traductions de façon consensuelle[3]. Or, cette conception de Berman, qui inscrit une dualité au cœur même du travail du traducteur, celle du même et de l'Étranger, dualité que « l'éthique de la traduction doit résoudre », s'inspire en partie de la philosophie d'Emmanuel Lévinas[4]. Une prise en compte sérieuse de la conception de Berman demande l'examen de la dialectique du même et de l'autre chez Lévinas ; elle exige de *comprendre à quel problème elle répond et, surtout, si elle est exportable en traduction*. En outre, cette dualité originaire que voit Berman permet-elle bien l'élaboration d'une théorie de la traduction ?

---

[1]   Antoine Berman, *La traduction et la lettre ou l'auberge du lointain*, Seuil, Paris, 1999, p. 46.

[2]   *Ibid.*, p. 74-75.

[3]   L'autre critère est la poétique.

[4]   Nous verrons plus loin le rôle qu'y jouent Schleiermacher et Humboldt.

§ 23. Il importe, quand on parle d'une philosophie, de comprendre les problèmes auxquels elle entend apporter une solution. Il n'est pas très conséquent d'extraire des formules des œuvres philosophiques pour appuyer – ou bien plier – des opinions qui leur sont étrangères et qu'elles ne prévoyaient pas[1]. Ce n'est pas impunément que l'on fait dévier une comète de sa course. Dans le cas de l'éthique de la traduction, les auteurs ont invoqué bien des penseurs, un peu comme les Anciens évoquaient les Mânes des ancêtres quand ils désespéraient des dieux[2]. Puisque la position du problème d'une éthique de la traduction se présente dans les termes de l'altérité, l'un des dieux lares invoqués le plus souvent est Emmanuel Levinas. De Lévinas, les « éthiciens » de la traduction retiennent l'image de l'Autre, qu'ils associent au texte à traduire entendu sous le mode de l'altérité. Mais *à quelle nécessité systémique répond la dialectique de l'Autre chez Lévinas* ?

§ 24. On connaît l'importance qu'ont dans son œuvre les pensées de Husserl et de Heidegger. Tout particulièrement *la distinction entre l'être et l'étant*, distinction désormais classique de la philosophie heideggerienne[3]. En outre, les transformations que Lévinas apporte à cette paire conceptuelle dans *De l'existence à l'existant*, où l'existence devient l'acte même d'exister, l'être en général, abstraction faite de l'existence

---

[1] Comme le fait Anthony Pym dans son ouvrage *Pour une éthique du traducteur*, Artois Presses Université et Presses de l'Université d'Ottawa, Arras/Ottawa, 1997, à propos de la théorie aristotéliciennes des quatre causes, p. 85-86.

[2] Pensons aux *Manes Virginiæ* chez Tite-Live, *Historiæ*, III, 58.

[3] L'étant se distingue de l'être en tant qu'il désigne l'être concret dans l'action d'exister et qui sait, dans cette action, qu'il existe (*Sein und Zeit*, § 32). On verra Heidegger. *Gesamtausgabe*, hrsg. v. F.-W. von Hermann u. Vittorio Klostermann, Francfort-sur-le-Main, 1977.

concrète, sont aussi bien connues[1]. C'est pour décrire cet être sans existant que Lévinas utilise la notion du « *il y a* », qui se différencie du « *es gibt* » de Heidegger, en tant qu'il se rapporte strictement *à l'anonymat de l'être*. L'existence est représentée par cet « il y a », tandis que l'existant représente une sorte de « coagulation » de l'existence, coagulation qui forme un être (moi) qui dispose de son être propre. Lévinas nomme cet être *hypostase* et il le rattache au concept d'*instant*, car c'est précisément dans l'instant que survient cette coagulation de l'existence. L'instant est ce qui rompt l'anonymat de l'être en général, si bien que le moi (l'existant, le même) possède, par conséquent, une nature temporelle originaire. Or, cet être est destiné, selon Lévinas, à ne trouver tout son sens *que devant l'Autre* et face à lui, dans l'horizon temporel d'un rapport entre les hommes.

§ 25.   Cette relation se distingue de l'antique image platonicienne du long monologue de l'âme avec elle-même[2] en ce qu'elle prévoit l'altérité des autres. Pourquoi? Parce que naissant de l'instant, le temps propre du moi sera le présent. Dès lors, s'il veut s'ouvrir à la totalité de la temporalité, soit au passé et au futur, *le moi doit s'ouvrir à ce qui n'est pas lui*. C'est pourquoi la temporalisation authentique du temps n'advient vraiment, selon Lévinas, qu'à travers la rencontre de l'Autre. À quelle nécessité systémique répond la dialectique de l'Autre chez Lévinas? *Elle répond à la reconnaissance que la dialectique du temps est la dialectique de la relation aux autres.*

§ 26.   Les bases étant posées, comment s'effectue, dans ce cadre, le passage à un discours de l'altérité qui s'ouvre à l'éthique? Autrement dit, comment passe-t-on de l'ontologie à l'éthique? C'est dans son ouvrage

---

[1]   Emmanuel Lévinas, *De l'existence à l'existant*, Vrin, Paris, 1971, p. 15 et ss.

[2]   Dans le *Théétète*, 189e-190a.

Totalité et infini que Lévinas explique cette transition. Le philosophe français fait allusion à la tentative mise en acte par la réflexion occidentale sur l'être d'enfermer le multiple et le divers au sein d'une Totalité qui étouffe toute altérité, et qui procède, pour ainsi dire, *à une neutralisation systématique de la différence*[1]. Ce refus du même trouve d'éloquents exemples dans la philosophie de l'Être de Parménide, dans la maïeutique socratique ou encore dans la Raison absolue de Hegel, autant de conceptions qui avalent tout contenu particulier et pratiquent une sorte de phagocytose de l'Autre. L'ontologie se révèle comme une philosophie de la puissance où le « *je pense* » signifie en fait « *je peux* », puissance qui porte inévitablement à la domination de l'Autre.

§ 27.   Toujours attentif à identifier les nœuds entre la totalité et le totalitarisme (dont il fut, au premier chef, une victime) Lévinas montre bien que la violence de l'ontologie occidentale a ses assises dans le concept de « totalité » et que, pour rompre le cercle de la violence, il faut rompre le cercle de la totalité aux prises avec la pensée de l'identique[2]. Cela est possible simplement dans cette expérience existentielle de la rencontre concrète avec l'autre. Cette rencontre avec l'Autre ouvre un espace sur l'extériorité irréductible à toute dialectique du même[3]. Or, tandis que la

---

[1]   C'est très probablement ici que Berman prend son idée du traducteur ethnocentrique qui refuse l'Altérité du texte et procède, dans sa traduction, à une occultation de l'Étranger.

[2]   Il y a ici une dette certaine de Lévinas envers Franz Rosenzweig et son ouvrage *Der Stern der Erlösung*, J. Kauffmann, Francfort-sur-le-Main, 1921.

[3]   La relation du traducteur avec le texte « étranger » représente cette rencontre avec l'Autre, cette ouverture à l'altérité. Puisque cette ouverture à l'altérité ne permet plus le retour au même, Berman conclut que le rôle éthique du traducteur est de procéder à la translation de l'Autre en tant qu'autre – donc de traduire « littéralement ».

totalité est anonyme, l'Autre, lui, ne l'est pas. Cette particularité de l'Autre, la manifestation concrète du caractère absolu de l'altérité, est son *visage*, dont la caractéristique principale est l'*autosignifiance*. Un visage n'est pas un signe qui renvoie à autre chose, mais plutôt une présence vive qui s'autoprésente et qui s'impose par soi-même[1]. Voilà pourquoi, pour Lévinas, le visage possède une valeur éthique originaire et représente l'épiphanie de l'éthique, car cette autosignifiance qui s'impose prescrit avec elle la loi morale[2]. Le visage, dit Lévinas, est ce que l'on ne peut tuer ou ce que le sens consiste à dire : « Tu ne tueras point ». Le sens fondamental de l'éthique de Lévinas repose donc entier dans cette *autosignifiance* de l'altérité qui s'impose au même.

§ 28.   Pour peu que l'on ait été attentif à ce qui précède, on verra qu'*il ne correspond pas à la relation qui s'établit entre un traducteur et le texte*. D'une part, Berman veut introduire un caractère éthique à la traduction pour fonder philosophiquement sa théorie de la littéralité et, d'autre part, parce qu'il voit dans l'attitude du traducteur le réflexe de ramener les catégories du texte à traduire à celles de sa propre culture. Il

---

[1]   On comprendra que le texte à traduire ne saurait être un « visage », parce qu'il ne s'autoprésente pas. En effet, il a besoin de cette présentation qu'est la traduction. On voit donc que l'analogie voulue par certains traductologues est fausse en son principe.

[2]   Dans le rapport éthique, autrui se présente à la fois comme absolument autre. Rappelons ici au lecteur un ancien principe de la logique de Port-Royal : plus un concept a d'extension, moins il a de compréhension. Si autrui est l'absolument autre, son extension est infinie. Sa compréhension devient donc nulle. En traduction, cela signifie que si le texte à traduire représentait l'absolu de l'altérité, il serait intraduisible, de l'impossibilité même de trouver des points communs entre le TD et le TA. D'où il suit que le *primum* de la traduction n'est pas l'autre *mais le même*.

assimile cette attitude à un refus de l'Autre, alors
que l'acte éthique serait de l'accueillir. Or, cet acte
pourrait être éthique – originairement éthique – si
le texte à traduire était comme l'Autre de Lévinas,
c'est-à-dire *autosignifiant*, ce qu'il n'est pas pour deux
raisons. D'abord parce qu'un texte appartient à une
langue qui est *un ensemble de significations*; ensuite,
parce qu'il a besoin d'être traduit, besoin qu'il
n'aurait pas s'il était autosignifiant. Ainsi, puisque
la nécessité de traduire doit être recherchée dans la
non-autosignifiance du texte, il faut conclure que
la norme éthique qui conduit une traduction n'est
pas d'ordre épistémologique, comme le prétend
l'éthique de la traduction qui en fait un impératif
originaire du texte, mais est plutôt d'ordre *méthodologique*. En ce sens, elle doit être réglée en considérant la meilleure fin possible, et se résume à être
une déontologie[1]. Il s'agit là d'un point fondamental, car l'éthique de la traduction aime à présenter
le texte à traduire et qui s'impose au traducteur,
selon la métaphore du visage[2]. Cependant, un texte,
quel qu'il soit, est loin d'être autosignifiant – par la
nécessité même qu'il a des mots, et de ce système
de référents qu'est un langage – et il ne l'est certainement pas tel qu'entendu par Lévinas dans *Totalité
et infini*.

---

[1]   À cet égard, on peut référer le lecteur au chapitre septième
de l'ouvrage de Pym, *op. cit.*, p. 135-137, chapitre qui
montre bien en quoi l'éthique de la traduction se résume
à la déontologie. D'ailleurs le titre même de l'ouvrage
montre que *l'éthique se rapporte toujours à l'individu qui
agit* (le traducteur), et non à une discipline particulière
(la traduction).

[2]   Probablement à cause de cette affirmation de Lévinas :
« La manifestation du visage est le premier discours. Parler
c'est, avant toutes choses, cette façon de venir de derrière
son apparence, de derrière sa forme, une ouverture dans
l'ouverture ». Lévinas, *Humanisme de l'autre homme*, Fata
Morgana, Paris, 1972, p. 51.

§ 29.   Dans plusieurs conférences, dans maints articles, on se fait fort de taire tous ces enchaînements de concepts. On « tient pour acquis » que l'auditeur – ou que le lecteur – sait démêler ce vaste réseau aux panneaux enchevêtrés que l'on nomme *philosophie*. Conférences et articles sont autant de nœuds ajoutés aux lacets de cette toile. On traitera de Lévinas en des termes si obscurs, et en prenant tant de détours, que l'esprit abandonne bientôt la poursuite et « tient pour acquis » que les auteurs ont raison. Ce « tenir pour acquis » réciproque – ou bien par intention oratoire, ou bien par lassitude intellectuelle –, forme un grand pan de la vie universitaire et l'on tient certains pour des esprits forts, un peu comme on nomme le cloporte « mille-pattes » : parce que l'on ne veut pas se donner la peine de compter[1]. Ne retenir dans une philosophie que ce qui convient à l'argumentation du moment, c'est du mauvais éclectisme. Parler de la pensée de l'altérité de Lévinas comme si la philosophie de l'éthique de cet auteur était complète sans la religion, c'est manquer de rigueur, dût-on respecter toutes les règles de présentation scientifique et du syllogisme à trois termes. Le bon usage des philosophes exige que l'on se serve de leurs pensées seulement si l'on utilise avec elles les *conditions* qui les ont fait naître. Dans le cas de l'éthique de l'Autre – à partir de laquelle l'éthique de la traduction développe l'opposition même/autre, identité/Étranger, etc. –, cette condition est l'*autosignifiance de l'altérité*. Si cette condition n'est pas respectée, l'usage est fautif. Il pourra être évocateur ou donner à penser, mais son rôle ne sera qu'oratoire : il ne s'agira jamais que d'une *idée de façade*.

§ 30.   Berman s'appuie sur certains éléments théoriques que l'on trouve chez Lévinas pour proclamer la fin des traductions ethnocentriques et l'importance de

---

[1]   Le mot est de Lichtenberg.

faire une translation de l'étrangèreté. Qu'il s'agisse d'une idée n'ayant qu'une existence de façade, voilà qui pourrait s'illustrer de la façon suivante et que l'on forme, en quelque sorte, « du limon de la terre[1] ». L'exemple que nous donnons ici, contrairement à Berman, tranche pour la traduction *ad sententiam* aux dépens de la traduction *verbum pro verbo*.

§ 31. L'éthique de la traduction ne saurait représenter une façon efficace de penser le rapport entre le texte de départ et le texte d'arrivée, car elle crée un antagonisme qui n'existe pas entre les deux, ces textes étant plutôt dans *un rapport de complémentarité*. Cela se démontre par la *génétique*. En effet, au point de vue génétique, on ne peut procréer son propre type, car on ne livre que *la moitié* de ses gènes. Puisque l'on ne transmet que la moitié de son caractère, l'homme n'a d'autre choix que de s'ouvrir à l'altérité. *L'autre est, à cet égard, un complément de soi[2]*. À présent, tirons-en des conséquences en traduction. Puisque l'autre est un complément de soi, le texte, qui doit être traduit, trouve, dans sa transformation par le traducteur, son véritable achèvement. La traduction ne saurait ainsi se résumer en un antagonisme même/autre, identité/Étranger, etc., puisqu'une traduction n'est pas le passage de l'autre au même, mais plutôt, comme en génétique, une prolongation de l'original. La traduction offre à un texte original un champ sémantique et culturel qu'il ne possédait pas d'emblée. Cette théorie, que l'on pourrait nommer « génétique de la traduction », fait économie de tous les discours sur l'étrangèreté, l'Étranger, l'Altérité, le texte comme visage qui s'impose, l'habitation de l'*habitus*, l'outre-langue et autres Phébus, pour insister sur le métissage de l'original avec la langue qui le traduit, le complète et

---

[1]　Gen., 2, 7.

[2]　Il n'est plus l'absolument autre de Lévinas.

l'achève[1]. La traduction ne saurait donc être littérale, *verbum de verbo*, mais toujours *ad sententiam*, la littéralité étant un obstacle à la complémentarité du même et de l'autre.

§ 32.   Cet exemple théorique, nommé « génétique de la traduction », prend donc, de façon par ailleurs très cohérente, le contre-pied de l'« éthique de la traduction ». Démontrer la vérité de la proposition contraire de celle que l'on combat est déjà une réfutation de la proposition combattue, car l'existence de deux conclusions contraires en regard à un même objet rend manifeste le faux raisonnement[2]. Dans le cas des idées de façade, il est difficile de le faire *in promptu*, lors des conférences universitaires, car on n'a ni le temps de réfléchir, ni celui d'éventer les pièges. Pour les idées de façade couchées sur le papier, il est certes plus facile de les découvrir à loisir, mais l'abscons et le sibyllin des formules, jumelés au mortel ennui des textes, font qu'il est difficile de les suivre et que l'esprit, saisi de dégoût, abandonne cette chasse malaisée. Enfin, puisqu'il faut toujours que la conclusion ait lieu par le fait même des prémisses[3], les idées de façade se résument à n'être que des arguments *éristiques*[4].

§ 33.   Après avoir établi un « bon usage » des philosophes, puis avoir insisté sur la simple existence de façade de certaines idées et de leurs pernicieux effets dans

---

[1]   Il n'y a pas ici de dualité identité/autre, même/Étranger, mais l'exigence d'une complémentarité de sens entre les deux termes. Le paradoxe inhérent d'une pensée de la traduction qui s'appuie sur la paire identité/autre, même/ Étranger est de vouloir une théorie cohérente – et donc unifiée – de la traduction, à partir d'une dualité de principe, ce qui est un non-sens logique. Nous le verrons plus loin.

[2]   Aristote, *Métaphysique*, 1005b 5-20.

[3]   Aristote, *Premières analytiques*, 24b 18.

[4]   Aristote, *Réfutations sophistiques*, 165b 7.

les sciences de l'homme, mettons à présent à l'examen l'adage de Plaute : « *Sine pennis volare haud facile est* » – « Il n'est point aisé de voler sans aile ».

§ 34.   Berman hérite en partie son concept d'altérité de la philosophie de Lévinas[1]. Comment parvient-il cependant à son idée d'éthique de la traduction ? Il y parvient à travers sa conception de la « visée du traduire ». Pour lui, les différentes déformations dans une traduction appellent une analytique du bien traduire. Cette analytique donne naissance à la méthodologie de la traduction. Or, certaines de ces déformations ne sont pas réductibles à des erreurs de méthodologie, puisque la déviation du sens qui en résulte trahit en fait une intention particulière de sens qui est, justement, « la visée du traduire[2] ». Pour Berman, la visée du traduire relève de la traduction d'œuvres qui ouvrent à « l'expérience du monde[3] », tandis que les textes techniques se rapportent plutôt à la méthodologie, en ce qu'ils transmettent de façon univoque une certaine quantité d'informations. Que la visée du traduire ne puisse tomber sous des considérations méthodologiques, cela s'explique, chez Berman, en ce que cette visée n'est pas communication[4]. Que *la visée ne soit pas la communication* se voit pour Berman de deux manières : d'abord parce que si l'on prend le public comme horizon de la traduction, le message se dissout selon le principe « plus

---

[1]   Voir *supra* § 22 et § 26.

[2]   Notons immédiatement que cette intention de sens, si elle n'est pas documentée par le traducteur, ne peut faire l'objet d'une analyse critique puisqu'elle n'est que supposée.

[3]   Que signifie « ouvrir à l'expérience du monde », voilà une chose qui n'est jamais définie. En outre, on peut se demander si l'expérience du monde – de par son caractère intimement subjectif – est une chose communicable.

[4]   En effet, si elle était communication, elle transmettrait de façon univoque une certaine quantité d'informations et tomberait sous le couvert de la méthodologie.

la diffusion s'étend, plus le contenu du message rétrécit[1] » ; ensuite parce que de la communication *de quelque chose* et de la communication *à quelqu'un*, c'est toujours le second qui l'emporte[2]. Le dilemme est donc ici « de dire tout à personne ou de ne rien dire à tout le monde ». Mais ce dilemme n'est pas absolu. Si l'on doit certes penser au public, on ne doit pas le prendre comme fin, tel que le montrent les exemples de vulgarisations scientifiques – car dans la vulgarisation scientifique la communication est mise en échec, puisque le langage spécialisé, nécessaire à la science, s'efface, empêchant une transmission efficace du savoir. Plutôt que vulgariser, il faudrait plutôt *populariser* le savoir, c'est-à-dire prendre en considération la nature de la langue scientifique et les possibilités de compréhension des non-scientifiques. La popularisation possède ainsi une réflexion approfondie qui manque « totalement » à la vulgarisation[3]. Populariser l'original n'est pas le vulgariser, c'est l'amender de ses étrangetés pour faciliter sa lecture. Il s'agit *d'une science d'éducation à l'étrangeté*[4]. Le but d'une traduction n'étant pas la communication, quelle serait sa visée ultime ?

---

1   Giraud, cité par Berman in *La traduction et la lettre, op. cit.*, p. 71. On parle ici en fait du principe de Port-Royal évoqué plus haut, voir *supra* note du § 27.

2   Il s'agit-là d'un axiome. Que le principe soit *indémontrable*, première qualité d'un axiome, cela se comprend. Qu'il soit *évident*, seconde propriété d'un axiome, rien n'est moins sûr.

3   Sur la base de quoi peut-on objectivement établir une potentialité de compréhension ? Ce modèle supposerait un homme théorique qui doit connaître ceci ou cela et ignorer ceci ou cela, à partir de l'idée arbitraire que l'on s'en fait. En outre, la distinction entre populariser et vulgariser est spécieuse, dans la mesure où vulgariser c'est trouver ce qu'il y a de commun entre les hommes. Point besoin pour cela des conjonctures d'éventuelles « possibilités de compréhension ».

4   Berman, *La traduction et la lettre, op. cit.*, p. 73.

Pour Berman, cette visée est triple : philosophique, éthique et poétique. Elle est philosophique « en ce qu'il y a dans la traduction un certain rapport avec la vérité[1] », elle est éthique parce que le traducteur pose depuis toujours la *fidélité* et l'*exactitude,* deux mots fondamentaux qui définissent l'expérience de la traduction et qui renvoient à l'éthique. Chez Berman, l'acte du traduire consiste, dans sa visée, à reconnaître et à recevoir l'Autre en tant qu'Autre[2]. Il reproche à l'Occident d'avoir annexé l'Autre, étouffant ainsi une « *vocation éthique de la traduction* » dont l'essence serait ce « *désir d'ouvrir l'Étranger en tant qu'Étranger à son propre espace de langue[3]* ». Recevoir l'Autre en tant qu'Autre, cela revient à traduire de façon littérale pour que le lecteur sache bien que le texte source est d'une autre culture. Ouvrir, dit Berman, c'est manifester. Dans le domaine des œuvres, la traduction est la « *manifestation d'une manifestation[4]* ». La traduction est manifestation d'un original qui est pure nouveauté et la visée éthique de

---

[1] *Ibid.*, p. 74.
[2] *Ibid.*
[3] *Ibid.*, p. 75.
[4] La raison pour laquelle la traduction est la « manifestation d'une manifestation » ne fait pas l'objet d'explication chez Berman. Toutefois, si la manifestation est une sorte de présentation, la traduction serait une présentation de la présentation, une sorte de métaphore de l'objet, *transposition qui interdirait la littéralité.* Ici, Berman semble en nette contradiction avec sa thèse fondamentale et son parti pris pour la littéralité. Bien entendu, on dira que pour Berman la littéralité n'est pas le mot-à-mot, mais le respect de la poétique de l'original. Mais dans la mesure où il voit cette poétique surgir de la lettre, on comprend mal comment on peut *concrètement* désincorporer la poétique de la lettre sans sombrer dans un littéralisme plat. En outre, si Berman trouvait que la poétique était si importante, pourquoi a-t-il nourri la confusion en parlant de respect de la lettre, pourquoi a-t-il dit *littéralité* plutôt que *poétique*? Voilà matière à nourrir, hélas !, bien des articles.

la traduction consiste à la manifester dans sa langue. Parce que la visée éthique se propose d'accueillir l'Étranger dans sa corporéité charnelle, la traduction ne peut s'attacher qu'à la *lettre* de l'œuvre. La forme de cette visée est la *fidélité*. Sa fin est d'accueillir cette littéralité dans la langue maternelle afin d'éviter la traduction ethnocentrique et hypertextuelle. Fidélité à la lettre, accueil de l'Étranger, tel est l'horizon d'une éthique de la traduction.

§ 35.   Cette conception d'une éthique de la traduction a connu un succès considérable. D'abord parce qu'elle ouvrait à une discipline pragmatique un champ théorique étendu, ensuite parce que l'ambiguïté même des termes permettait toutes les interprétations. En effet, pourquoi l'*accueil de l'Étranger* formerait-il une attitude plus « éthique » que son refus ? D'autre part, d'un point de vue pratique, si « l'étrangèreté » du texte source forme l'élément de sens principal du texte à traduire, le résultat – la traduction – ne saurait rendre cette « étrangèreté », sinon qu'au mépris de celui qui accueille l'Étranger, c'est-à-dire le lecteur. Ce dernier démontre qu'il ne possède pas les connaissances, ni non plus les catégories nécessaires, pour saisir cette « étrangèreté », du fait même qu'il lui faut une traduction. Par ailleurs, s'il est vrai que la fidélité et l'exactitude se rapportent à l'éthique, et qu'ils représentent bien l'expérience de traduction, le jugement porté sur la fidélité ou l'exactitude d'une traduction ne se fait pas en s'appuyant *sur la visée subjective du traducteur* – s'il a voulu ou non être fidèle et exact – *mais en regard du texte de départ*. Partant, la fidélité et l'exactitude sont donc vidées de *leur contenu éthique* et se voient investies plutôt *d'une valeur critique*. Quand Berman insiste sur le fait que la traduction est originellement éthique de par sa visée, ce qu'il ne reconnaît pas, c'est que cette visée possède en fait *un contenu critique*.

§ 36. Le texte à traduire, c'est l'identité. La traduction est son ouverture à l'autre. En ce sens, l'*Étranger* n'est jamais le texte ou son contenu, l'*Étranger c'est d'ores et déjà le traducteur.* C'est lui qui doit s'amender devant le texte de départ. Il doit se former à la langue, enrichir sa culture personnelle, faire d'abondantes lectures, dans sa langue et dans la langue étrangère, s'exercer maintes et maintes fois, tantôt seul en apprenant par l'erreur, tantôt avec un maître pour s'instruire par l'exemple. La fin d'une formation de traducteur est de ne plus être un étranger face au texte. Si donc l'*Étranger* est le traducteur, l'acte de traduire n'est pas de recevoir l'Autre en tant qu'Autre, mais faire que l'Autre nous accepte en tant que soi. L'Autre n'est pas l'Étranger, c'est un autre moi-même, un *je* qui a la forme du *il*. L'acte éthique, c'est de reconnaître et de recevoir l'Autre en tant que Moi, de *reconnaître que l'Étranger, c'est moi* (au sens socratique du terme) et non pas lui, dans la mesure où l'Autre, qui est moi, est une condition de la connaissance de soi. Il en va de même dans la traduction dont la fin n'est pas la connaissance de l'Autre, mais la connaissance de soi à travers l'Autre[1]. Du reste, on pourrait faire une lecture de l'Étranger à partir du mythe de la caverne chez Platon. Le prisonnier libéré est certes un « étranger » par rapport aux hommes qu'il croise dehors – en ce sens, il doit s'apprivoiser l'Autre pour être chez soi quand il est chez l'Autre. Lorsqu'il retournera dans la caverne, nul doute qu'il sera désormais devenu un « étranger » aux yeux des siens, c'est pourquoi il doit exploiter tout le génie de sa langue maternelle

---

[1] En effet, l'acte éthique ne consiste pas à reconnaître et à recevoir l'Autre en tant qu'Autre, mais en tant que soi, c'est-à-dire de voir dans l'Autre un autre Moi. Ce n'est qu'à ce prix que la loi morale est universelle. Le christianisme a reconnu cette vérité. En outre, le fait qu'autrui constitue un autre *moi* montre bien les limites des philosophies radicales de l'altérité.

pour être compris par eux. Si le prisonnier s'exprimait selon les catégories qui ont cours à l'extérieur
de la caverne, en truffant ses récits de néologismes
et d'hypostases verbales, il ne pourrait être entendu.
Le traducteur est un peu dans la même situation
que ce prisonnier dont la vraie condamnation n'est
pas d'être dans la caverne, mais d'être lui-même un
« étranger ».

§ 37.   Quand Berman reproche à l'Occident d'avoir
annexé l'Autre, étouffant ainsi une supposée « *vocation éthique de la traduction* » dont l'essence serait ce
« *désir d'ouvrir l'Étranger en tant qu'Étranger à son propre
espace de langue* », il installe dans la théorie de la traduction une dualité (celle du même et de l'autre) que
l'on peut difficilement résoudre. Cela s'explique du
fait que si c'était le texte qui était l'*Étranger* en tant
qu'*Étranger* ou, si l'on préfère, *l'Autre en tant qu'Autre,*
pour reprendre une fois encore ces formules, *le
texte serait intraduisible,* puisqu'il s'agit là *d'absolus
de l'altérité.* Or la traduction, répétons-le, doit se
baser sur ce qui est commun – d'où, d'ailleurs, la
réhabilitation de la vulgarisation que Berman mal-
traite, et qui est « ce qui est commun à tous les
hommes » (*vulgaris*). L'étrangeté qui transpire dans
un texte n'est pas celle du texte, mais appartient au
traducteur. Former un traducteur, c'est essentiellement lui permettre de se sentir chez soi ailleurs,
de reconnaître l'identité de l'Autre, identité qui,
à tout prendre, est tout ce qui peut se traduire.
Or il n'y a pas là d'éthique, il y a là essentiellement une attitude critique, froide, intellectuelle,
méthodique.

§ 38.   S'il y a une dualité en traduction, ou plutôt si la
traduction permet de mettre au jour une dualité
implicite dans son activité, celle-ci a des racines
qui s'enfoncent dans le terreau du langage, non
dans celui de l'éthique. L'étonnante complémentarité de Descartes et de Locke sur le concept de

proposition en est un exemple. Pour Descartes, les *vérités axiomatiques* ont un caractère propositionnel. En effet, il est impossible qu'une chose existe ou n'existe pas sous un même rapport, que ce qui a été fait ne le soit plus, ou encore que celui qui pense puisse n'être rien tant qu'il pense. Toutefois, *la perception que nous avons des choses* possède, elle, un caractère non propositionnel. Ces perceptions, qui ne sont pas propositionnelles, se nomment chez lui « idées ». Les choses sont des objets dont les idées sont comme des « images[1] ». Vérité et fausseté sont considérées des propriétés des propositions ; les idées, qui n'ont pas un caractère propositionnel, ne sauraient être vraies ou fausses. L'idée d'un hibou, celle d'une tasse, d'un clavier, ne sont en elles-mêmes ni vraies ni fausses. Elles le deviennent quand on les insère dans des propositions. Locke, en s'attachant rigoureusement à la deuxième étape, suggère que la vérité des propositions « réside dans l'union ou la séparation de ces représentants selon que les choses dont ils tiennent lieu sont pour elles-mêmes en accord ou en désaccord[2] ». Ces *signes* peuvent être aussi bien des *idées* que des *mots*. Dans les deux cas, « *l'union* ou la *séparation* des signes signifie ici ce que, par un autre nom, nous nommons proposition[3] ». Lorsque les signes unis ou séparés sont des idées, ils forment une *proposition mentale*. Lorsque ces signes sont des mots, nous avons une *proposition verbale*.

---

[1]   Descartes, *Meditationes*, III, xv, in *Méditations métaphysiques*, GF-Flammarion, Paris, p. 109.

[2]   John Locke, *Essai philosophique concernant l'entendement humain*, traduit par P. Coste et édité par É. Naert, réimpression anastatique de l'édition de 1755, Vrin, coll. « Bibliothèque des Textes Philosophiques », Paris, 1998, IV, v. 2, p. 574, voir aussi *Meditationes, op. cit.*, II, xxxiii, 9, p. 391.

[3]   Locke, *Essai…, op. cit.*, XX.

Le problème que la traduction met en évidence est cette séparation – généralement implicite dans le langage – *entre la proposition mentale et la proposition verbale,* entre les idées et les mots. La traduction insiste en général sur la difficulté du passage des propositions verbales d'une langue à l'autre, quand ce n'est pas la possibilité même d'exprimer en une proposition verbale (lettre) une proposition mentale (sens). Dans tous les cas, ce qu'elle présume, *c'est qu'une proposition verbale se fonde sur une proposition mentale,* ce qui n'est pas toujours le cas, comme la poésie et l'écriture automatique le démontrent, toutes deux exploitant la capacité des propositions verbales à créer un sens en soi, à partir de celui des mots. Le cas de la traduction de l'Étranger, quand on l'examine de près, fait de la traduction essentiellement une affaire de propositions verbales et considère que l'éthique représente la solution pour régler le problème du passage des propositions verbales d'une langue à l'autre ; ce faisant, on crée inutilement *un dualisme même/autre* qui s'ajoute à celui déjà existant entre les idées et les mots. Ce double dualisme est en partie responsable de l'inflation d'articles, de colloques et de libelles traductologiques autour de la question de l'Étranger, attendu que plus une question est confuse, plus les problèmes qu'elle pose deviennent spécieux.

§ 39. Hormis les difficultés évoquées plus haut, il est permis de s'interroger sur la rigueur même de l'éthique élevée en discipline théorique fondatrice d'une activité pratique comme la traduction. Est-il seulement licite, intellectuellement parlant, de fonder la littéralité en traduction sur une théorie éthique ?

§ 40. Pour qu'une théorie soit fondée, il faut qu'elle soit *validée par les faits.* Dans le domaine de la traduction, une théorie rigoureuse devrait pouvoir confirmer sa valeur par une traduction exemplaire qui serait considérée absolue, parfaite, archétypale. Seule une traduction de ce genre pourrait assurer la valeur de la théorie. Or, *une traduction* n'a pas de valeur archétypale ; elle *n'est qu'une hypothèse sur le texte*. Ainsi, le problème d'une théorie de la traduction est qu'elle devrait se fonder sur *une hypothèse, plutôt que sur un fait confirmé et indubitable*, d'où son incapacité à faire des progrès objectifs[1]. Tout ce qu'elle peut, c'est de contribuer à des développements méthodologiques, c'est-à-dire faire en sorte que les hypothèses sur le texte soient le mieux assurées possible.

§ 41.   Pour fonder objectivement une théorie de la traduction, il faut l'évaluer en regard du texte de départ et des différentes traductions auxquelles il a donné naissance. Si l'on analyse une traduction pour en juger la valeur, *le résultat ne sera pas une théorie, mais une autre traduction*[2]. Or ce jugement pourra lui-même être remis en question. Il faudra donc une autre traduction, qui sera une nouvelle hypothèse sur le texte, et ainsi *ad infinitum*.

§ 42.   Cela implique qu'une théorie de la traduction n'a de sens que pour le texte traduit dont elle s'est inspirée, texte traduit qu'elle a traité comme *un fait* et non comme *une hypothèse*. Or toute traduction n'étant jamais qu'une *hypothèse* sur le texte et toute théorie devant être, quant à elle, validée par des *faits*, il s'ensuit que : i) ou bien la théorie de la traduction n'est qu'une systématisation d'hypothèses sur un texte donné, ce qui lui enlève toute prétention de scientificité et d'universalité ; ii) ou bien cette théorie ne peut se fonder en raison, ne pouvant être validée dans les faits. Une telle théorie ne peut donc être qu'une description des règles qui ont présidé à

---

[1] L'autre obstacle à ce progrès est la dualité du même et de l'autre qui la caractérise.

[2] Cela devrait démontrer combien la traduction est une activité pratique.

telle ou telle traduction, elle est donc *méthodologie*, ou encore un jugement porté sur elle, et elle se fait alors *critique*. En outre, toute traduction est unique, unique comme le texte dont elle est une traduction. L'impossibilité d'avoir deux versions identiques interdit par conséquent l'universalisation des règles de traduction, ce qui devrait suffire à disqualifier les prétentions théoriques pour mettre plutôt de l'avant, comme les premiers romantiques allemands l'ont fait, l'aspect *critique* qui sous-tend le travail du traducteur.

§ 43. Dans l'analyse d'une traduction, comment déterminer ce qui est l'effet d'une erreur de traduction venant de l'incompétence momentanée du traducteur, de sa distraction ou d'un choix esthétique, idéologique, éthique, etc. ? Sans témoignage documenté du traducteur, on suppose, on dresse des conjonctures, mais rien n'est certain. Dût-on analyser les différentes traductions du même texte, on pourrait sans doute parvenir à une connaissance encyclopédique (quantitative) des variantes du même passage, mais non à une connaissance intrinsèque (subjective) des raisons qui sous-tendent ces variations. Or ce sont ces dernières raisons qui formeraient une théorie éthique de la traduction, *sa visée*, selon Berman. Si chacun des traducteurs français de Von Igar avait tenu un cahier documenté de chacun des choix de traduction et expliqué le pourquoi de chacune des phrases traduites, on pourrait, selon toute probabilité, à la lecture de ces cahiers et en les comparant, trouver la clé d'interprétation du texte. En l'absence de tel recoupage, on est condamné à des suppositions qui n'ont aucune valeur scientifique, ou bien à des propositions de corrections qui, mises ensemble, offrent une traduction nouvelle qui est, à tous égards, une autre hypothèse sur le texte de départ qui doit être ensuite vérifiée *ad infinitum*...

§ 44. D'où l'on conclut qu'une théorie éthique de la traduction doit se fonder sur des principes qui n'ont rien
à voir avec la traduction ; s'ils n'ont rien à voir avec
la traduction, ils ne sauraient participer d'aucune
façon à l'élaboration interne d'une traduction – hormis comme principes généraux (respecter le vrai,
tout traduire, être responsable de son travail, etc.)
qui sont des règles de bon sens plus que d'éthique,
et qui valent pour de nombreux secteurs d'activité.
Les règles de l'éthique de la traduction ne peuvent
se justifier par le texte à traduire. Pour en juger, il
faut sortir du texte de départ – et donc quitter la
traduction comme discipline. Si l'on dit qu'il est
éthique de respecter l'étrangeté du texte de départ,
il est clair que ce principe qui a dirigé la traduction
ne se trouve ni dans le texte de départ (qui n'a rien
d'étrangeté, le texte est lui-même et c'est tout), ni
dans celui d'arrivée, car le fait que la traduction
soit empreinte d'étrangeté, qu'il « sonne étrange »,
*ne témoigne pas de l'application d'un principe théorique,
mais méthodologique.* Ainsi, l'attitude « éthique » est-
elle infiniment variable, au point de ne plus signifier quoi que ce soit. Pour éviter cela, il faudrait
que le texte de départ lui-même fournît à tous ses
traducteurs ses règles théoriques, autrement dit
qu'aucun des traducteurs d'un texte n'eût le choix
de traduire ceci plutôt que cela, etc. Or, sans liberté,
point d'éthique. Ce que l'on trouve d'éthique dans
un texte de départ n'est pas dans le texte de départ,
mais dans la tête du traducteur. C'est son hypothèse
de départ sur le texte à traduire. Or si d'aventure il
conduit sa traduction à partir de cette hypothèse, il
ne s'agit plus, *de facto*, d'un principe théorique, *mais
d'un principe méthodologique.*

§ 45. Considérant qu'une traduction peut se mener selon
des critères méthodologiques intratextuels – dans un
sens large, ce que l'on retrouve dans un bon manuel
de traduction – et selon des critères méthodologiques extratextuels (exemple : doit-on traduire ou

non un texte qui va à l'encontre des principes du
traducteur ?), le problème d'une éthique de la traduction se limite à cette question : quels sont les
fondements des critères méthodologiques extratextuels ? La réponse à ce problème dépasse la discipline de la traduction. Elle dépend essentiellement
de l'éthique individuelle de chaque traducteur, de sa
volonté de plier ou non sa *conscience* (qui fonde sa vie
éthique) aux critères déontologiques de la profession
à un moment donné. Une traduction peut être dite
éthique à un moment et ne plus l'être à un autre,
selon les changements de déontologie. La confusion
manifeste tient au fait que les critères méthodologiques extratextuels (exemple : ne rien traduire qui
puisse donner une image négative des Juifs, des
gens de race noire, etc.) peuvent entrer en conflit
avec les critères méthodologiques intratextuels (si le
texte possède dans les faits une connotation négative envers les Juifs et qu'on la fait disparaître, il
s'agit manifestement d'une omission au sens le plus
pragmato-méthodologique du terme). C'est le manque de reconnaissance de cette différence ou, pour
mieux dire, de cette *interférence*, qui fait en sorte que
l'on a parlé de l'éthique de la traduction dans le sens
de Berman, le manque de reconnaissance du fait que
l'éthique d'une traduction ne dépend pas du texte
traduit, *mais du traducteur lui-même*. Celui-ci, qui
est l'*Étranger* (et non le texte), a comme devoir de
se former de telle sorte qu'il puisse, dans l'exercice
de son métier, s'assurer de respecter tant les critères
méthodologiques que les exigences déontologiques.
Dans la mesure où la traduction est le lieu de la compréhension, tout discours qui met en cause l'éthicité
de la compréhension suppose, non pas une analyse
du rapport entre le traducteur et le texte[1], mais une

---

[1]   En terme de même et d'autre, de transmigration de l'étran-
      gèreté, etc., ce que faisaient, au passage, les romantiques
      allemands. Toutefois, ils savaient, ce faisant, qu'ils déve-
      loppaient une *critique* et non pas une *éthique*.

analyse du traducteur lui-même dans la mesure où c'est sa conscience – et par derrière elle sa liberté – qui fonde le caractère éthique de ses actes.

§ 46.   Il y a dans l'idée d'une « éthique de la traduction » comme une tentative de répondre à l'aporie de la « théorie du sens » de l'École française qui, si elle analyse correctement le travail du traducteur en terme de déverbalisation et de réexpression, ne parvient pas à expliquer comment on peut comprendre un texte sans que les connaissances linguistiques – ou que les connaissances accessoires – ne viennent compromettre cette compréhension. Dans l'impossibilité de résoudre cette aporie, on tente de déplacer le problème, et cela est clair chez Berman, *du champ de l'épistémologie à celui de l'éthique.* Si l'on ne parvient pas à expliquer les raisons du tri des connaissances permettant d'extraire la signification d'un texte selon des critères méthodologiques pragmatiques, on pose alors le problème du *choix* du traducteur, de sa *responsabilité*[1], de sa *visée,* faisant ainsi intervenir, à mauvais escient, des critères éthiques les justifiant. Il s'ensuit que *le choix* – catégorie fondamentale en traduction – effectue *un passage indu de la méthodologie à l'éthique.* On en est alors amené à développer une

---

[1]   Comme le fait Pym, *op. cit.,* p. 67-82. Pym fait malheureusement de la *responsabilité* le fondement de l'éthique. Or, si l'on peut dire que la responsabilité est un élément fondamental de l'acte éthique, il n'en est cependant pas la pierre d'assise, et on le voit aisément au fait que cette responsabilité présuppose la liberté. Le fondement de l'éthique, c'est la *conscience.* La responsabilité éthique est le résultat de l'exercice libre de la conscience. Pour un traducteur, cette liberté est sa formation : elle accompagne son travail de traduction, veille à ce que les choix pratiqués soient éclairés et avisés, elle lui permet de produire des textes qui réfléchissent correctement le texte de départ. Ainsi, on voit que la fin de l'enseignement et de la formation est *l'éducation à la liberté,* c'est-à-dire la formation de la raison à procéder à des choix éclairés.

théorie philosophique du traduire *où la question de la compréhension* – pourtant fondamentale – *est occultée au profit d'une analyse de la relation du traducteur et du texte* à traduire en terme d'Altérité, d'Étranger, « d'étrangèreté », de visage de l'Autre, etc., relation non seulement très discutable par ses références à l'altérité du texte à traduire, mais par l'usage pour le moins éclectique qu'elle fait des philosophes. Hermès triomphe ici lentement d'Apollon. Ses développements théoriques manifestent une imposture : celle de se substituer peu à peu à Apollon, le dieu de la théorie. Brillante ruse du dieu des voleurs et des menteurs que celle de tenter un renversement des tâches ; de messager, Hermès se présente ici comme un rhéteur et il y parvient par le prestige de l'éloquence si chère aux passions humaines. Les tourbillons théoriques sous lesquels il se dissimule sont à son avantage. Il y retrouve les plaisirs de la création qu'il avait abdiqués en donnant la lyre à Apollon, plaisirs de jouir des mêmes honneurs de qui sait créer, de qui n'est pas condamné à n'être qu'un messager. Chaque éclat théorique d'Hermès n'est pas une contribution à la vérité, mais l'expression de sa volonté de se décharger du fardeau qui est le sien, de rogner sur le prix qu'il doit verser à sa démesure, de reprendre la liberté abdiquée pour trôner à jamais sur l'Olympe balayé par les vents.

§ 47.   Hermès est toutefois lié par son serment. Il ne peut plus comme pour les génisses qu'il avait volées dépister qui se met à sa poursuite. Ainsi, pour peu que l'on s'en donne la peine, il est possible de le débusquer et de lever ses pièges. De même pour ce qui précède. Si l'on devait définir le concept « d'éthique de la traduction », il faudrait dire qu'elle est en fait une *analytique* du rapport entre le traducteur et le texte à traduire. Or cette analytique est, *mutatis mutandis*, une antique nouveauté. Elle n'est rien de moins que la *critique*, tel qu'entendu par les philosophes du premier romantisme, Novalis et les frères Schlegel en tête. Dans le premier romantisme, en effet, la critique ne saurait être une connaissance externe de l'œuvre qui se développe à partir de concepts esthétiques (ou épistémologiques) *a priori*. Pour eux, la vraie critique est intérieure. Dans leur analyse d'une œuvre, les romantiques se concentrèrent « sur la forme et l'organisation organique de l'œuvre aux dépens du contenu proprement dit[1] ». La reconnaissance, dans l'œuvre, de l'existence d'une subjectivité originaire et structurante, appelait la construction d'une *herméneutique du sens*. La théorie de « l'éthique de la traduction » représente la réintroduction de cette herméneutique du sens dans le champ, non de l'analyse littéraire, mais de la traduction. Il ne faut pas trop s'étonner de cet « éternel retour », quand on connaît les liens intimes qui unissaient Berman au premier romantisme. Là où il y a cependant rupture avec le romantisme, c'est que Berman et ses épigones croient voir dans l'*éthique* la clé de cette subjectivité originaire et structurante en amont de l'acte de traduire, tandis que l'évolution normale du projet romantique est le développement de l'*herméneutique* ou, si l'on préfère, la construction d'une théorie du sens, construction qu'entreprit Schleiermacher à partir de sa traduction des œuvres complètes de Platon. C'est d'ailleurs pourquoi dans son texte sur les différentes méthodes de traduire, Schleiermacher insiste sur le mot « méthode », puisqu'il voit dans l'acte de traduire l'application de l'acte du comprendre qui est, en définitive, l'herméneutique elle-même.

---

[1] Voir notre ouvrage *La forme poétique du monde*, José Corti, Paris, 2003, p. 521-525. C'est en ce sens que Novalis parle lui aussi de la critique, en spécifiant qu'elle est un « état » et d'un « retour réflexif sur soi » (voir aussi ce que dit Novalis dans le *Brouillon général*, Allia, Paris, 2000, aphorismes 152 et 385). La critique, *stricto sensu*, apparaît chez les premiers romantiques comme la théorie de la construction régulière et complète de la *tâche* de la philosophie, et de cette dernière comme science (*ibid.*, aphorisme 488).

§ **48.**   Hermès *Amechanos*. Hermès qui ne peut être pris
au piège. Sitôt qu'on le croit prisonnier de rets d'or
capable d'emprisonner les dieux[1], sitôt il s'échappe
et son esprit ingénieux imagine de nouveaux pièges.
Ainsi, l'une des idées fondatrices de la « traductologie » était de libérer la traduction de l'emprise
qu'avaient sur elles les théories littéraires et linguistiques. Plutôt que d'appliquer à la traduction
les différents paradigmes de ces théories, le réflexe
fut celui de faire porter la réflexion sur les facteurs
qui font en sorte qu'une traduction est une traduction. C'est pourquoi Berman parle de traductologie
comme d'une « réflexion que la traduction fait sur
elle-même, à partir du fait qu'elle est une expérience[2] ». Or cet appel de Berman devait déplacer
l'intérêt des réflexions sur la traduction des relations interlinguistiques aux relations intertextuelles.
Cependant, l'éthique de la traduction et, dans un
sens plus large, ce qu'il convient à présent d'appeler
la *dialectique de la traduction*[3], ne procède plus d'une
analyse intertextuelle, mais *d'une analytique de la
subjectivité* du traducteur qui trouve dans la notion
de *visée* son achèvement théorique. Le projet d'une
telle analytique de la subjectivité dépasse largement
cette activité pratique qu'est la traduction et semble,
à maints égards, trahir l'intention originale d'une
étude centrée sur ce qu'il advient des relations intertextuelles dans le processus de traduction, relations
qui se voient comme occultées, tantôt par un examen des dichotomies pratiques que rencontre le traducteur, tantôt par l'analyse de sa *visée*, laquelle est
tout aussi peu documentée qu'elle est insondable. Il
en résulte ainsi une sorte d'*approche transcendantale*

---

[1]   Voir l'épisode des amours d'Aphrodite et d'Arès (*Odyssée*,
VIII, 266-342).

[2]   Berman, *L'épreuve de l'étranger. Culture et traduction dans
l'Allemagne romantique*, Gallimard, Paris, 1984, p. 39.

[3]   Entendons par cela le jeu même/autre, identité/Étranger,
etc.

de l'acte de traduire qui ne tient pas compte que la notion même de traduction est historique, et qu'elle ne peut s'approcher, par conséquent, à partir d'*a priori* théoriques[1].

§ 49.   Le traducteur ne parle pas en son propre nom, mais en celui de l'auteur dont il se fait le messager. En définitive, la norme éthique de son message lui échappe. S'il veut parler en son nom – et se réapproprier le champ de l'éthique –, il doit ou bien cesser de n'être qu'un messager, ou bien travestir le message. Cette velléité du traducteur de parler en son propre nom, de fonder éthiquement son discours ou bien d'échapper à la simple méthodologie, représente là encore un signe du *complexe d'Hermès*.

§ 50.   De même, les traductions directement menées, conçues, structurées par les *a priori* théoriques semblent avoir été mises de côté, comme si l'on avait flairé la ruse hermétique. Prenons en exemple Walter Benjamin. Son idée selon laquelle une traduction ne s'adresse jamais à ceux qui ne peuvent comprendre l'original n'a pas eu, autant que l'on sache, de conséquences pratiques[2]. Bien que l'écrit sur la *Tâche du traducteur* servît de préface à sa traduction des *Tableaux parisiens* (1923), la critique s'entend pour dire qu'il s'agit en fait d'un texte théorique autonome remontant à 1921, et qui s'associe davantage aux essais de 1916 sur le langage. Ce texte n'a pas

---

[1]   On ne traduit pas « en soi », mais on traduit *dans le temps*. Que la temporalité soit un élément de sens constitutif à une traduction, cela devait être tenue en compte par les théories de la traduction, et explique le pseudo-phénomène de la « mort des traductions ». Pour le reste, voir « Propositions pour une poétique de la traduction » d'Henri Meschonnic in *Pour la poétique*, II, Gallimard, Paris, 1973, p. 305-323.

[2]   Les Écoles universitaires de traduction n'enseignent pas à partir de ce principe.

dirigé la traduction de Benjamin, et l'analyse même de la traduction des *Tableaux parisiens* ne permet pas de remonter aux principes théoriques énoncés dans le texte du critique allemand, ce qui serait le cas s'ils avaient présidé à l'élaboration de la traduction. On assiste ainsi à *un hiatus entre la théorie et la pratique.* Ce hiatus est d'autant plus réel si l'on observe le fait suivant : le texte de Benjamin n'offre pas d'exemples connus de traductions majeures menées à partir de ses principes, mais il a toutefois donné lieu à maints commentaires, à cent interprétations, à mille colloques, à d'infinis éclaircissements, fruit d'une *captatio benevolentiæ* qui ferait rougir Cicéron. Il ne faut toutefois pas s'étonner du manque d'exemples pratiques. Pour Benjamin, en effet, la transmission de l'information n'est pas le but de l'activité du traducteur. La traduction doit saisir *l'essence de l'information* de façon à la faire survivre[1]. En saisissant de cette sorte *l'essence*, il lui est alors possible de libérer cette *langue première* présente dans toutes les langues et qui est la *langue pure* – laquelle n'est ni grammaire, ni sémantique, mais *Langue*. Le devoir du traducteur est alors de délivrer, dans sa langue, cette langue pure qui est enfermée dans l'autre langue, comme prisonnière de l'œuvre[2]. Cette langue pure s'identifie à *la langue adamique*, cette langue première perdue après l'écroulement de la tour de Babel. La tâche profonde du traducteur est de rechercher cette langue[3]. Chaque traduction serait alors comme le

---

[1] La langue n'est pas considérée chez Benjamin comme un instrument de communication de quelque chose (sens ou message), mais comme une réalité qui se communique elle-même.

[2] L'idée a quelque chose d'enivrant. Toutefois, y a-t-il des exemples historiques de traductions qui, non seulement tentent de l'appliquer, mais aussi y parviennent ?

[3] Nous précisons plus loin cette notion de « langue adamique ». Voir *infra* § 63.

tesson d'un immense vase cassé dont les brésilles, pour peu qu'on les réunisse, le reconstitueraient tout entier.

§ 51.   Où donc se trouve le vase ? Un siècle presque s'est écoulé et, hormis des gloses sur la théorie et des suppositions ingénieuses sur cette langue ada- mique, pure et primordiale, nous ne semblons pas en savoir davantage. La réconciliation finale par la traduction des langues dans la langue pure se fait encore attendre[1]. Derrida possède probablement les raisons de ce retard. Dans *Des tours de Babel*, il interprète la pensée de Benjamin autour de cette langue pure. Il observe que la destruction de Babel impose la traduction, autant qu'elle l'interdit. Elle l'impose, car les hommes éprouvent cruellement la nécessité de se comprendre ; elle l'interdit, car c'est Dieu qui brouille les langues pour que l'entreprise de construction de la tour échoue et que les races se dispersent[2]. Derrida rappelle, en outre, que lorsque Dieu impose son nom, il rompt avec la violence coloniale ou impérialiste d'une langue universelle[3]. C'est pourquoi le philosophe français propose que l'on remplace l'idée d'une langue universelle par celle d'une *raison universelle* qui n'est plus soumise à la domination d'un peuple particulier. La traduction

---

[1]   Sur le même propos, voir Joseph Graham, *Difference in Translation*, Cornell UP, Ithaca, 1985, p. 25-27.

[2]   Gen., 11, 1-9.

[3]   Comment un tel impérialisme serait-il possible ? L'impé- rialisme présuppose la différence, c'est-à-dire l'existence d'un autre que l'impérialiste domine. Dans le cas de la langue universelle, il n'y a qu'identité. Ce concept est impossible. Mieux encore, dans la langue universelle, tous les mots qui indiquent l'Étranger n'existent pas, ni ne sont même concevables, car ils impliqueraient la présence d'une altérité conceptuelle, d'un « être-autre » du discours que l'universalité et l'uniformité de la langue adamique interdisent d'emblée.

devrait donc, plus que la langue primordiale, exprimer cette raison universelle. L'une des conséquences intéressantes de cette façon de voir, est de décloisonner la traduction comme activité purement intertextuelle, pour la situer dans un processus d'échanges interlinguistiques[1]. En effet, les langues s'influencent entre elles, elles se bonifient l'une l'autre, ce qui assure leur croissance réciproque. Selon ce point de vue, elles se complètent pour former une langue plus grande et toujours plus universelle. Ce qui est en jeu en traduction n'est plus le texte, mais *le sens originaire* auquel les traductions doivent aspirer : il n'y a donc pas d'opposition entre la traduction et le texte original, tous deux ayant le même référent idéal : la langue pure (Benjamin) ou la raison universelle (Derrida). C'est ce qui permet d'affirmer que la traduction n'est pas une transcription d'un texte premier, *mais bien une activité productive générée par le texte original*[2]. Cela étant, le texte original et sa traduction ne forment pas une unité sémantique originale, dans la mesure où ils possèdent tous deux des éléments culturels et linguistiques qui agissent sur le sens du texte : en définitive, la traduction ne nous met pas en contact avec un sens original – qui ne saurait exister – mais avec la pluralité des langues et des significations.

---

[1] Ce déplacement d'intérêt met en jeu d'autres types d'échanges, comme les relations interculturelles. Il s'agit d'un mouvement typique des théories de la traduction. Il manifeste une volonté de libération de l'activité traduisante du message qu'elle doit communiquer. Ainsi, la traduction n'est plus strictement liée à ce qu'elle doit objectivement traduire, mais est libre d'inclure dans son activité des éléments qui ne sont pas dans le texte et dont la visée même peut le dépasser. Il s'agit d'un symptôme du complexe d'Hermès.

[2] Jacques Derrida, *The Ear of the Other: Otobiography, Transference, Translation*, Schocken, New York, 1985, p. 153.

§ 52. Ce qui précède insiste sur le fait que la traduction ne tient pas de la *reproduction*, mais de la *production*. Il s'agit là d'une expression fondamentale du *complexe d'Hermès*. Plus que jamais ici, *le médium est le message*, le traducteur est la traduction. Ces idées manifestent comme un refus, *une insubordination du messager au message*, une sorte de *volonté de puissance* de la part de qui devrait se trouver en retrait par rapport à ce qu'il doit transmettre. Elles trahissent aussi un désir de transcendance de l'acte du traduire, une soif de voir en lui l'expression d'un quelque chose de sublime qui s'achève tantôt dans la langue pure, tantôt dans la raison universelle. Pour ces concepts, la réalité du traduire importe peu face à l'ivresse théorique – est-ce bien ainsi que l'on traduit ? Est-ce bien cela un traducteur ? – cela est sans importance. Comme le caducée d'Hermès, ces théories semblent avoir le pouvoir, non d'établir le réel, mais de susciter les songes[1].

§ 53. Ces théories ont-elles vraiment la traduction comme centre d'intérêt ? La traduction n'y est-elle pas vue comme un produit dérivé, ou encore l'*ultima ratio* de l'activité théorisante ? Il apparaît d'abord que les idées de Derrida sur la traduction sont comme des satellites de la « métaphysique logocentrique de la présence » telle que déclinée dans *L'écriture et la différence*.

§ 54. S'appuyant sur le mythe platonicien de Theuth[2], mythe qui parle du refus de la part du dieu Theuth du cadeau de l'écriture, puisqu'elle lui apparaît bien inférieure à la parole, Derrida explique que le caractère général de la philosophie après Platon est de se caractériser comme logocentrisme ou « métaphysique de la présence ». Pour elle, la parole est *présence* tandis que l'écriture est *absence*, une négation

---

[1] Ovide, *Métamorphoses*, II, 730-736.
[2] *Phèdre*, 274c et ss.

de la présence. Lorsque l'on parle, l'âme est présente de façon plus immédiate à la vérité, alors que l'écriture apparaît comme une sorte d'élimination de cette immédiateté. Dans la parole, l'âme est présente. Dans l'écrit, elle ne l'est plus. On a assisté depuis deux mille ans à une sorte d'humiliation de l'écriture au profit de la parole, ce qui définit le logocentrisme de la philosophie occidentale. C'est justement afin de partir à la recherche de ceux qui sont allés à l'assaut de ce logocentrisme fondamental, que Derrida consacre des essais à Bataille, Artaud, mais surtout à Nietzsche, Freud et Heidegger. Dans ce contexte précis, le signe – le mot – est un usurpateur, il se trouve à la place de la parole parlée. Il est « différent » dans un sens spatial, mais puisqu'il crée également une distance temporelle, cette nuance fait aussi du signe une « différance[1] ».

§ 55. Si le signe est créateur de différence/différance, d'une distance spatiale et temporelle, le but du traducteur ne saurait être, par conséquent, de s'attarder à la lettre du texte – donc au signe – mais plutôt au sens qui est en amont du signe. Le traducteur n'est pas celui qui passe d'un signe à l'autre, mais celui qui permet la *continuité* du sens : le traducteur n'est pas le passeur d'une rive à l'autre du Styx, mais celui qui rétablit le courant du grand fleuve. Or cela ne s'accomplit pas sans difficulté, et il arrive que le traducteur en fasse parfois dévier le cours[2].

§ 56. Derrida ne réfléchit pas sur la traduction. Au contraire, il la *thématise*, c'est-à-dire qu'il l'interprète en fonction de sa propre philosophie. De cette manière, il parle moins de la traduction, que de sa

---

[1] Derrida se sert ici d'une nuance étymologique qui existe entre le grec *diapherein* et le latin *differre*, tous deux à l'origine du verbe français.

[2] Ce qui explique bien pourquoi la traduction est une activité productive générée par le texte original.

philosophie de la présence *à travers* la traduction. Ainsi, le bon usage de ces concepts en traduction doit tenir compte de la place qu'y occupe la philosophie de Derrida. Une *réflexion* sur un concept fait une analyse de ce concept en soi, ou par rapport à ses déterminations empiriques ; une *thématisation* d'un concept procède à une interprétation de ce dernier à partir des catégories propres à une philosophie particulière[1]. Dans le cas des concepts indissociables de la pratique – c'est-à-dire de ces choses que l'on ne saurait concevoir « en soi », il faut, pour y réfléchir, les considérer dans leur dépendance de l'expérience ou, si l'on préfère, de leurs manifestations empiriques. On peut réfléchir sur le Beau en soi, indépendamment de ses manifestations concrètes, car il n'est pas nécessaire, pour qu'on y réfléchisse, qu'il existe vraiment dans la nature une chose qui soit le Beau en soi[2]. Cependant, dans le cas de concepts indissociables de la pratique, il faut y réfléchir en tenant compte de façon particulière de leur caractère concret, médiat et de leurs relations et dépendance avec d'autres concepts. C'est le cas de la traduction. La « traduction en soi » n'existe pas, parce que la traduction est toujours la traduction *de quelque chose*. En ce sens, une réflexion sur la « traduction en soi » est, ou bien une réflexion sur l'*art d'interpréter*, ou bien une réflexion sur l'*art de juger*, la traduction étant alors entendue comme l'*application* de cet art[3]. Qu'il faille toujours réfléchir à la traduction en tenant compte de la pragmatique peut aussi s'exprimer de la façon suivante : quelle traduction peut être citée comme

---

[1] Comme c'est le cas de Derrida, mais aussi de Berman, dont l'éthique de la traduction est une thématisation de la philosophie de l'altérité.

[2] Voir Platon, *Phèdre*, 65d et 75c ; aussi le *Parménide*, 130b et 150c entre autres. C'est la même chose pour les mathématiques ou la géométrie, qu'elle soit euclidienne ou non.

[3] Il s'agit d'une thématisation de la traduction ou bien par l'herméneutique, ou bien par la critique.

l'exemple *concret et indubitable* de la « délivrance de
la pure langue » dans la langue du traducteur, selon
la théorie de Benjamin ? Quelle traduction exprime,
sans faille et *de façon évidente*, la « raison universelle »
de Derrida ? En bref, de quel texte la « traduction en
soi » serait-elle la traduction ? On dirait presque là le
sujet d'un colloque universitaire.

§ 57. Certes, on ne peut rejeter la valeur des *modèles théoriques* pour réfléchir sur la traduction. Les recherches
des vingt dernières années en montrent assez la pertinence, surtout par leurs questions sur le sens de
l'activité du traducteur, sur sa fin et sur ses limites.
Cependant, il est à craindre que l'on ait pris le modèle
théorique pour la chose elle-même ou encore, pour
le dire autrement, que l'on ait cru *réfléchir* sur la traduction, tandis que l'on *thématisait* la traduction.
L'absence de modèles pratiques en réponse aux
modèles théoriques le laisse croire[1]. Lorsque l'on
étudie tous ces modèles théoriques, on a l'impression de se retrouver devant des hiérophantes dont
les mystères sont si obscurs, que la Pythie elle-même
aurait besoin de consulter un oracle pour les percer.
Hermès éclate ici d'un rire que l'on ne peut entendre
que par l'analyse attentive des textes.

§ 58. L'hypothèse de l'*annihilatio mundi* illustre bien cette
confusion entre la *réflexion* sur un concept et sa *thématisation*, de même qu'elle montre les *excès interpré-
tatifs* auxquels porte cette confusion. Au Moyen Âge,
Ockham et Buridan, Albert de Saxe, Walter Burley
et bien d'autres, avaient suggéré que Dieu pouvait,

---

[1] On pourra probablement sortir d'un chapeau magique
ou du fond d'actes poussiéreux des bribes de traductions
menées selon ces modèles théoriques, mais ces efforts res-
semblent étrangement aux desseins de la thèse soutenue
par Pic de la Mirandole et qui annonçait rien de moins que
de traiter « *De omni re scibili et quibusdam aliis* » : de toutes
les sciences et de quelque chose d'autre encore.

de façon surnaturelle, détruire tout le contenu du monde sublunaire (*annihilatio mundi*). Un espace vide étant ainsi créé, ils posaient le problème de la subsistance, au sein de cet espace vide, des distances et des dimensions ; demeuraient-elles ou, au contraire, étaient-elles devenues désormais « *indistantes* » parce que séparées par le vide, c'est-à-dire par le néant ? Dans ce cas, les « côtés » de ce contenant vide qu'était devenu le monde ne devraient-ils pas plutôt s'effondrer les uns sur les autres ? Voilà un beau modèle théorique pour penser le concept d'espace. Gassendi et Hobbes le reprendront au XVIIe siècle. Le philosophe anglais critiqua le Français en lui rapprochant d'avoir procédé de façon trop radicale dans son application de l'hypothèse de l'*annihilatio mundi*, puisqu'il ne conservait pas, après l'anéantissement général, au moins un homme pour observer le résultat d'un point de vue humain. Il n'en fallut pas davantage pour qu'un grand nombre de philosophes hollandais, de remontrants, de sociniens repentis, de libertins, de pyrrhoniens, de partisans de la *libertas philosophandi* ou de la nouvelle science galiléenne se missent à l'œuvre, en disant que l'objection de Hobbes était vaine, car quel homme aurait pu survivre à l'anéantissement du monde ? D'autres suggérèrent que cet homme se serait trouvé bien à l'étroit dans ce monde sans espace. Certains, plus subtils, soulignèrent que le monde ne pouvait être anéanti, car il subsisterait néanmoins dans la pensée divine. On mit ces derniers à l'Inquisition et on les brûla. On les avait soupçonnés de soutenir l'éternité du monde. Dans tous les cas, il convient de se souvenir que le monde existe bel et bien, et que l'*annihilatio mundi* ne sert qu'à conceptualiser l'espace, y réfléchir *en soi*. Si on élimine le paradoxe manifeste de réfléchir sur l'espace dans un monde anéanti, tous ceux qui se servirent de l'hypothèse à d'autres fins ne réfléchissaient plus sur l'espace, ils le *thématisaient*, c'est-à-dire qu'ils en faisaient *une conséquence* du modèle théorique qui servait plutôt à l'étudier. Un fait reste : le monde demeure, l'espace existe et l'on a brûlé de pauvres diables en vain.

§ 59.   Quelle conséquence tirer de cette différence en traduction ? Quand on débat de l'éthique qui, chez Berman, sert de critère consensuel d'évaluation des traductions, il faut bien saisir que cette « éthique de la traduction » n'est qu'une *scientia apparentialis*, un modèle théorique, qui nous permet *d'inscrire la traduction dans le cadre d'une réflexion plus vaste sur l'altérité*, mais qui ne nous dit en définitive rien de la traduction elle-même, qui n'est pas une activité transcendantale, mais pragmatique[1]. De la même manière, l'hypothèse de l'*annihilatio mundi* pouvait être utile pour concevoir l'espace en soi, mais il fallait éviter – ce que certains hélas ! ont oublié – que ce n'était qu'un modèle théorique et que deviser de l'espace du néant comme s'il s'agissait d'un fait est une sottise. Comme quoi on ne doit pas mettre dans toutes les mains la hache des Amazones[2].

§ 60.   Que l'on confonde *thématisation de la traduction* et *réflexion sur la traduction* peut s'illustrer de différentes façons. En premier lieu, lorsque Derrida affirme que la traduction devrait exprimer la raison universelle, il faut se demander comment une raison universelle peut se passer d'une langue universelle.

---

[1]   Il n'est pas utile de faire d'aussi longs développements et de s'ingénier autant ; la translation de l'Étranger, qui serait la conséquence pratique de l'éthique de la traduction, n'est pas déterminée par le texte à traduire (qui ne contient rien d'étranger), mais par une conception extratextuelle de l'altérité qui, dans le cas qui nous occupe, s'inspire en partie de Lévinas. La traduction, réduite à n'être guère plus qu'un prétexte de l'altérité, n'est plus le motif central de la réflexion, mais une modulation, une ramification, une *thématisation* de la philosophie de l'altérité.

[2]   Horace, *Odes*, IV, 4, 21.

Que les langues naturelles ne puissent exprimer l'universalité de la raison, la traduction pragmatique le montre. Si elles savaient l'exprimer, il ne serait pas utile de traduire d'une langue à l'autre. Le problème de la traduction ne serait que sémantique, lié aux équivalents des mots entre eux, sans jamais toucher la question des équivalents conceptuels. C'est précisément parce que l'on ne s'entend pas sur les concepts – donc sur la raison qu'ils expriment – que la traduction est problématique. En effet, si la question de la traduction du *signe* est un problème pragmatique, la question de la traduction du *sens* l'est tout autant. Si l'on peut s'entendre sur le sens des propositions de contenus objectifs, comme les nombres ou les universaux, il est à peu près impossible de tomber parfaitement d'accord *sur le sens des contenus des attitudes propositionnelles*. Si la proposition *Il fait froid* peut facilement se traduire dans plusieurs langues, l'obstacle n'étant que la façon de rendre le signe *il* dans d'autres langues, la proposition *Je crains qu'il fasse froid* est, quant à elle, beaucoup plus problématique, parce que son sens réfère *à un état mental* (croyance, crainte espoir, etc., ce qui forme *une attitude propositionnelle*). Il y a donc une différence entre le *discours sémantique* et le *discours psychologique* des propositions, différence qui forme, peut-on dire, le nœud gordien des problèmes de traduction[1]. C'est parce que l'on ne s'entend pas sur le sens des concepts des attitudes propositionnelles (d'une langue à l'autre, mais aussi d'un individu à un autre) que la traduction est problématique. Sous cet angle, à cause du brouillage des attitudes propositionnelles dans le discours, l'interprétation, l'expression et la traduction de la « raison universelle » devient improbable. Du reste, qu'un texte soit d'abord problématique par son esprit plutôt que

---

[1] On verra plus loin le rôle de cette différence dans l'élaboration d'une poétique de la traduction.

par sa lettre, voici une difficulté que rencontre tout traducteur dans sa pratique quotidienne, comme le montrent bien les problèmes liés aux « faux amis » et aux idiotismes. On voit alors que l'expression de la raison universelle qui serait une tâche de la traduction pour Derrida est une impossibilité pragmatique. Ensuite, le décloisonnement de la traduction auquel on assiste, d'activité purement intertextuelle à processus d'échanges interlinguistiques, si elle illustre comment les langues peuvent se bonifier, n'explique pas comment elles pourraient se *compléter* pour former une langue plus grande et toujours plus universelle. En effet, ce à quoi on fait référence ici c'est que, dans le jeu des traductions, on assiste parfois à des *emprunts*. Or il est bien loin d'être prouvé que, par les emprunts, on agrandit sa langue pour la rendre plus universelle[1]. En fait, on l'appauvrit tout aussi souvent et, plutôt que d'en faire un instrument universel, les emprunts linguistiques se font au profit de la langue prêteuse qui, elle, devient langue universelle, comme le montre assez l'extraordinaire hégémonie de l'anglais[2].

---

[1] Cette vision n'est possible justement que si l'on comprend la langue comme une chose incomplète et qui ne saurait exprimer toute la réalité sans le secours des autres langues. Cela heurte complètement la théorie de la grammaire générative qui montre que notre capacité de production linguistique est infinie.

[2] On peut voir dans l'étymologisme philosophique que pratique allègrement Heidegger et ses adeptes – mais aussi Derrida – une forme sublimée de l'emprunt. Ce que l'on tente de faire, c'est de détourner le sens du langage à partir de l'étymon ou, en d'autres termes, détourner le signe en le faisant passer, non pas comme l'expression du sens, mais d'un *signe originel* qui serait, lui, l'expression véritable du sens. La construction des mots-en-petit-train procède de la même volonté de détournement, mais plutôt que d'emprunter à l'étymon, elle fait du signe original (le mot) l'étymon d'un concept « nouveau ».

§ **61.**   Mais supposons que l'on veuille dire par cette
langue universelle, la « pure langue » de Benjamin,
qu'adviendrait-il ? La « pure langue » signifierait
la mort du signe, dans la mesure où, dans cette « pure
langue », qui est la *Ursprache*, la *langue adamique*, le
sens et le signe seraient si parfaitement identifiés
qu'ils en deviendraient *interchangeables*, de même
qu'il n'y a aucune différence entre le signe π et ce
qu'il signifie : 3,1416 etc.[1]. Plus encore, dans cette
langue, le jeu où le signifiant représente le signifié
est caduc. Dieu, en créant le monde par la parole,
indiquait que le mot est la forme dans laquelle se
modèlent les éléments du monde. Il s'agit donc
d'une langue parfaite dans laquelle coïncident le
mot et la réalité, comme le *sceau* et le *sceau*[2]. Le projet de Benjamin de retrouver la « pure langue » est
celui-là même qui est au fond de la cabale, laquelle
cherche, sous la lettre de la Thora écrite, la Thora
éternelle qui préexistait à la Création elle-même.
Quand Benjamin dit que ce qu'exprime la langue
c'est le langage lui-même, il ne dit rien de plus que
ce que prétendait la cabale. En effet, dans la tradition cabalistique, il y a cette idée d'une langue première, d'un *protolangage*, d'une langue qui, comme
toutes les langues, est née de *conventions*, mais non
de *l'arbitraire*. Convention, parce que la représentation de sons par des signes écrits est conventionnelle, mais non arbitraire puisque les noms donnés
par Adam étaient *en accord avec la nature*, et non
choisis arbitrairement[3]. Pour peu que l'on soit attentif à ce développement, on se rend compte que la

---

[1]   Cette « pure langue » serait une langue sans attitudes
propositionnelles et dont la forme serait purement
analytique.

[2]   Incontournable sur ce chemin est le chapitre sur la pan-
sémiotique cabaliste d'Umberto Eco dans *La ricerca della
lingua perfetta nella cultura europea*, Laterza, Rome/Bari, 4e
éd., 2004, p. 31-40.

[3]   *Ibid.*, p. 39 et Gen., 2, 20.

« théorie » de la traduction de Benjamin a bien plus à voir avec la sémiotique que la traduction, laquelle ne sert, en définitive, qu'à se plier à cette recherche, par ailleurs fort antique, d'une langue parfaite. Nous sommes donc bien devant un cas de *thématisation* de la traduction. Hermès est débusqué...

§ 62. Toute cette recherche d'une pure langue témoigne au fond d'une *recherche de la poétique pure du langage* qui entraîne une éradication de la traduction. Cette éradication de la traduction exprime l'effort d'Hermès d'éliminer la différence, pourtant essentielle, entre l'original et sa traduction, entre l'auteur et le messager. Voici comment.

§ 63. Saint Augustin voulait savoir en quelle langue Dieu avait dit : « *Fiat lux !*[1] », et il y a gros à parier qu'il s'agissait de la même langue par laquelle l'Éternel donna leur nom au Jour et à la Nuit[2]. Or cette langue avait une caractéristique : elle était créatrice. En effet, chez elle, l'acte de parole correspondait parfaitement à l'acte de création. La parole de Dieu donne un statut ontologique au monde. Ce lien direct entre le langage et la création est la poétique pure du langage. Il n'y a pas dans cette langue de distance entre le signe et le sens, mais une parfaite union entre les deux. C'est en vain que l'on chercherait dans le texte biblique une différence entre le mot et la chose : dire « lux », ce n'est pas référer à une chose qui est lumière, mais à l'être même en tant que lumière. De même lorsque Dieu parle pour la première fois à l'homme[3]. Puisque celui-ci ne pouvait avoir d'idées des choses dont Dieu lui parlait, il fallut bien que le mot servît aussi de sens. Ainsi, lorsque le premier homme se trouva placé devant tous les animaux terrestres et tous les animaux du ciel pour les nommer,

---

[1] Dans son *Commentaire sur la Genèse*.
[2] Gen., 1, 5.
[3] Gen., 1, 16-17.

Dieu vit qu'Adam les nomma « d'un nom qui leur était propre – *nominibus suis*[1] ». Le lien signe/sens n'était pas conventionnel, il était ici *pure ontologie*. Puis, quand Adam nomme la femme, le lien signe/sens est, lui aussi, ontologique[2]. La césure se produit lorsque, après avoir mangé du fruit défendu et que Dieu lui a appris quel serait son sort[3], Adam donne son nom à la femme : *Ève*. Avant cet instant, le lien entre les mots et les choses était immédiat (*Fiat lux !*), mais dès lors que Dieu se fit l'augure du destin d'Adam, les choses prirent une dimension dans le temps, *dimension qu'il fallut exprimer*. Ainsi la *femme*, qui enfantera dans la douleur[4], devient-elle *Ève*, « mère de tous les vivants[5] ». À partir de cet instant précis, une convention entre le signe et le sens est établie. C'est déjà là le germe d'une « *confusio linguarum* » avant Babel car, bien que les hommes eussent tous eu la même langue[6], certains avaient déjà commencé à moduler signes et sens, comme le firent les descendants de Japhet[7]. La confusion babélique et la dispersion des peuples ne firent jamais qu'accentuer ce phénomène. C'est d'ailleurs ce que laisse croire Philon d'Alexandrie quand il souligne que la confusion des langues à Babel n'est qu'une irrémédiable destruction des qualités primitives du langage. Dans ses surprenantes *Quæstiones et solutiones in Genesim*[8], Philon d'Alexandrie pose la question : « *An humaniter loquutus est serpens ¿* – Si le serpent a parlé à la façon des hommes ¿ » Fâcheux problème que celui de la langue dans laquelle le serpent s'adressa à Ève. L'une

---

[1]   Gen., 1, 20.

[2]   L'hébreu joue avec les termes *Ish* = homme/*Ishshah* = femme.

[3]   Gen., 3, 19.

[4]   Gen., 3, 16.

[5]   Gen., 3, 20.

[6]   Gen., 11, 1.

[7]   Gen., 10, 2-5.

[8]   *Quæstiones et solutiones in Genesim*, I, 32.

des hypothèses considérées est qu'il s'agissait de la langue des animaux, mais que notre âme, si pleine de péchés après la chute, ne parvient plus à l'entendre désormais. À travers une question qui peut sembler oiseuse, Philon d'Alexandrie établit en fait un lien étroit entre *morale* et *sens du langage*. La transformation morale de l'homme après la chute l'empêche de comprendre le sens du langage animal. Cette idée est importante, parce qu'elle montre que la transformation morale de l'homme amorce le processus de confusion des langues, qui a bel et bien débuté *avant Babel*, au moment où l'homme, par sa chute, quitte l'Éden pour explorer les vastes et sombres territoires de la morale. La *confusio linguarum* débute avec la chute de l'homme. En fait, ce que l'on peut voir en germe dans l'explication de Philon d'Alexandrie, c'est la distinction entre le discours sémantique et le discours psychologique des propositions. Dante semble aller dans le même sens, quand il fait dire à Adam que sa langue s'était éteinte, quand lors il quitta l'Éden : « *La lingua ch'io parlai fu tutta spenta, innanzi che a l'ovra inconsummabile fosse la gente di Nembròt attenta* – La langue que je parlais était tout à fait éteinte avant que la gent de Nembrod entreprît l'œuvre interminable[1] ». Ainsi, ce que montre le mythe de Babel n'est pas la confusion des langues, qui serait au fond le signe d'un Dieu jaloux, mais le résultat de la séparation entre le signe et le sens. Si les hommes ne parlaient alors qu'une seule langue, il fallait bien, pour que nous ayons des langues différentes, que cette différence se fît par le biais d'une variation du signe. Cela suppose donc une langue primordiale qui était parfaite adéquation du sens et du signe, adéquation où le signe est, au fond, superflu. Il faut conclure que l'idée d'une langue universelle, d'une pure langue – tant chez Benjamin que sa reprise chez Derrida – l'idée d'une langue dont la

---

[1] Dante, *Divine Comédie*, Paradis, XXVI, 124-125. La traduction est de l'auteur.

valeur ontologique de poétique *pure* décrète la mort du signe, représente simplement *le point zéro de la traduction*. On voit, comme une ombre voilée, s'avancer dans ses gazes le spectre des idées de façade, spectre invoqué par Hermès aux mille ruses.

§ 64. La confusion des langues ou, si l'on préfère, la modulation extrême des relations entre le signe et le sens, illustre que le lien entre les deux termes est désormais pure convention et dépend du simple vouloir de l'esprit humain. En revanche, le langage voit sa *valeur ontologique* devenir *valeur spirituelle*. L'indice de ce passage est la *prière*, qui n'existe pas avant la confusion des langues, preuve du caractère intrinsèquement spirituel du langage après Babel. La prière est une forme de langage qui naît des limites de l'individu. En effet, dans tout acte de communication existe la possibilité pour l'individu de sortir de lui-même et de se livrer à l'autre. Ainsi, quand il y a moi et toi, il y a « nous » ; mais quand il y a moi et Dieu, il n'y a que moi. L'impossibilité de parvenir au « nous » avec Dieu marque les limites de notre individualité dont l'expression n'est pas le langage[1], mais la *prière*. La création de termes nouveaux, l'invention de combinaisons linguistiques neuves et inédites, la destination du langage qui change, passant de la communication à l'esthétique, de l'objectivité froide à la subjectivité ardente, tout cela forme la poétique du langage après Babel et illustre bien que *la poésie est l'affirmation de la valeur spirituelle du langage,* dont la prière est la manifestation. On retrouve ici la distinction entre le *discours sémantique* et le *discours psychologique* des propositions, différence cruciale en traduction. C'est pourquoi il est possible de dire que la traduction n'est pas le passage d'une langue à une autre, mais de poème à

---

[1] Car le langage suppose la possibilité de parvenir au « nous ».

poème ou, si l'on préfère, le résultat d'une approche poétique du texte qui force les capacités créatrices du langage[1].

§ 65.   Ce développement sur la langue adamique, bien qu'il ait la portée d'un *modèle théorique*[2], présente toutefois une véritable *réflexion* sur la traduction, et non seulement sa *thématisation*. En effet, à travers le récit biblique, on voit la distinction entre les propositions simples et les attitudes propositionnelles. Or, ces attitudes propositionnelles forment un problème majeur de la traduction[3]. Elles expliquent, en outre, la capacité créative du langage (sa poésie intrinsèque), en plus de témoigner de sa *valeur spirituelle*. Elles montrent surtout que le point principal en traduction est l'interprétation du *sens* à leur donner, où l'accent est mis sur *le sens* plutôt que sur l'interprétation. Ce faisant, on libère la traduction de l'*herméneutique* (et de ce qui suit toute herméneutique, à savoir la pratique méthodologique), ainsi que de la *critique* (comment *juger* ce sens), pour l'inscrire dans ce qui lui appartient en propre, c'est-à-dire *la poétique du langage*, qui est la capacité du langage à créer le sens[4]. C'est à cette poétique que l'on peut reconduire les oppositions traditionnelles « *verbum de verbo* » et « *ad sententiam* », dans la mesure où elles ne représentent plus l'alternative principale de l'acte de traduction, mais plutôt les manifestations méthodologiques, au service du sens, d'une pensée

---

[1]   Voir Meschonnic, *Un coup de Bible en philosophie, op. cit.*, p. 96. Meschonnic invite à penser le traduire comme une activité qui va d'un discours à un autre, d'une poétique à une autre (*ibid.*, p. 124).

[2]   Comme Berman, Benjamin et Derrida en proposent un.

[3]   L'impossibilité de traduire ces propositions à l'aide d'instruments automatisés de traduction démontre que le problème du traduire réside bien dans ces propositions.

[4]   Et non seulement de le transmettre, ce que manquent les approches structuralistes ou analytiques du langage.

issue du texte à traduire. Si la capacité principale du langage est de *créer le sens* (on ne limite pas le langage à une seule activité d'*expression*), la traduction n'est plus une activité *expressive* du langage allant d'une langue à une autre, mais une entreprise de *recréation* du sens de la langue donatrice dans une langue d'accueil. Le choix entre l'esprit et la lettre n'est plus, sous cet angle, un choix fondamental, théorique ou encore idéologique ; il devient essentiellement le choix méthodologique du traducteur : le dilemme n'est plus « rendre l'esprit ou la lettre ? », mais « quel est le meilleur outil pour recréer tel ou tel texte ? L'esprit, la lettre ou les deux ? » D'un point de vue esthétique, la traduction revient au choix que posait jadis Lessing dans le *Laocoon*, à savoir si c'était la peinture ou la sculpture qui pouvait le mieux exprimer la souffrance de Laocoon, ce prêtre sacrilège étouffé avec ses enfants par les serpents d'Apollon.

§ 66.   Le premier romantisme fut probablement le courant qui a réfléchi avec le plus de profondeur à la poétique du langage, renouvelant la réflexion sur la traduction. Le projet esthétique du romantisme allemand était de promouvoir un art qui sût unir le contradictoire ou, si l'on préfère, qui pût développer *une esthétique de la totalité*. Cette esthétique, qui retrouve dans le fini les traces de l'infini, désire réaliser concrètement un projet poétique dont l'ambition définitive est l'union de l'autonomie et de l'hétéronomie, de l'un et du multiple[1]. On trouve dans l'esthétique romantique cet équilibre entre la forme de la présentation et du contenu représenté. Ainsi, lorsqu'il analyse le groupe du Laocoon, August Wilhelm Schlegel entend

---

[1]   Ce projet gigantesque résume le *titanisme* que l'on retrouve dans le romantisme et explique que la figure particulière pour réaliser cette tâche titanesque ne peut être que celle d'un individu d'exception : le *génie*.

désamorcer le débat qui opposait Winckelmann à Lessing, en montrant que l'œuvre sculptée n'est pas belle *malgré* son sujet tragique, mais *grâce* à lui[1]. Il s'ensuit un décloisonnement entre le fond et la forme qui avait profondément déterminé l'art classique. La question romantique sera moins « Qu'est-ce que la beauté ? » que « Comment ressent-on le Beau ?[2] » On voit ici ce passage entre une *valeur ontologique* et une *valeur spirituelle*. Le discours sur le Beau se charge dès lors d'un poids psychologique qui dépasse la sémantique, et qu'il faut interpréter. Dans ce cadre, l'approche des grandes œuvres de la *Weltliteratur* – celles des Dante, Pétrarque, Shakespeare, Cervantès, Camoens, Lope de Vega – se plaît à retrouver la *valeur spirituelle* qu'elles expriment, valeur spirituelle qui forme leur message véritable et devient l'objet principal que les traductions du premier romantisme allemand veulent exprimer. Novalis insiste dans une lettre à August Wilhelm Schlegel qu'une traduction, comme une œuvre originale, doit se dépêcher vers *le tout*. Comme l'œuvre originale, l'œuvre traduite contribue à la réformation de l'*esprit*, et il voit dans la traduction allemande de Shakespeare l'expression d'une science qui est devenue un art. Novalis insiste sur le pouvoir formateur de la traduction : « À l'exception des Romains, nous formons la seule nation qui ait senti aussi irrésistiblement l'impulsion de traduire et qui, pour la culture, en soit aussi infiniment

---

[1] August Wilhelm Schlegel in *Kritische Friedrich-Schlegel-Ausgabe*, hrsg. v. Ernst Behler, Verlag Ferdinand Schöningh, Munich, 1963, volume 2, p. 217-218. Voir aussi la traduction et la présentation de ce texte par Schefer in *La forme poétique du monde*, *op. cit.*, p. 460-462.

[2] On ne peut passer ici sous silence le rôle précurseur de Moses Mendelssohn et de sa réflexion sur l'esthétique dans sa *Lettre sur les sentiments* (1761), in *Gasammelte Schriften Jubiläumsausgabe*, hrsg. v. A. Altmann u. a., Frommann-Holzboog, Stuttgart-Bad Cannstatt, 1971, volume 1.

débitrice[1] ». La traduction est conçue comme le moyen d'étendre (*Erweiterung*) l'esprit d'un peuple par l'entremise d'un autre ; aussi se veut-elle une moralité poétique (*Es gehört poëtische Moralität*)[2], un acte d'amour envers le Beau et la littérature nationale. « Traduire, c'est là aussi bien créer, mettre au jour une œuvre propre – mais plus difficilement et de façon plus rare[3] ». Toute poésie est traduction, conclut-t-il, liant définitivement l'acte de création et celui du traduire. Le premier romantisme, qui comprenait le langage comme un acte de création – un acte *poétique* dans son sens étymologique – ne pouvait faire autrement que d'inscrire la traduction, comme pratique langagière, au cœur même de son projet poétique. Le langage, épiphanie du sens, voit alors dans la traduction sa célébration la plus haute.

§ 67.   Dans ses « *Semences*[4] », Novalis illustre bien cette ambition d'art total qu'il accorde à la traduction. Il suggère de classer les traductions en trois ordres. Le premier ordre est celui des *traductions grammaticales*, celles qui requièrent de l'érudition et des dispositions discursives, que la méthodologie domine et parmi lesquelles on peut ranger les traductions de « l'Étranger » ; en second lieu, on trouve les *traductions changeantes* qui, pour être poétiques, tombent dans le

---

1   Lettre de Novalis à August Wilhelm Schlegel sur sa traduction de Shakespeare, 30 novembre 1797 in Novalis, *Werke Tagebücher und Briefe*, hrsg. v. R. Samuel, Carl Hanser Verlag, Munich, 2004, tome I, lettre 86, p. 648. La traduction est de l'auteur.

2   C'est-à-dire qu'elle contribue *à la création d'une vie intérieure véritable*.

3   Novalis, *op. cit.*

4   C'est ainsi que Schefer dans son édition française des œuvres de Novalis chez Allia traduit l'allemand « *Blüthenstaub* », que l'on a quelquefois rendu par « *Pollens* ». Voir la note 62 de cette édition et la traduction française du fragment 68, p. 82-83. Pour le reste, Novalis, *op. cit.*, tome II, p. 253-254.

travestissement. Novalis nomme ici les traductions homériques de Bürger ou de Pope, incluant dans un sens large ce que la tradition a nommé « les belles infidèles[1] ». Le troisième ordre est celui de la traduction romantique comme acte poétique du langage : c'est la *traduction mythique*. Ce sont là des traductions du plus haut style. Elles présentent « le caractère pur et accompli de l'œuvre d'art individuelle[2] », ne livrant jamais l'œuvre réelle « mais son idéal[3] ». Ces traductions nécessitent un traducteur qui est à la fois un *artiste*, un artiste qui sache donner d'abord l'idée du *tout*[4]. Poète du poète (*Dichter des Dichters*), le traducteur réalise la totalité de l'idéal de l'œuvre. La traduction mythique disperse comme les échos d'une langue sacrée qui exprime dans des accents magiques l'ensemble des valeurs de la vie humaine. Le texte inachevé des *Disciples à Saïs* fait le récit des êtres édéniques qui possédaient cette langue sacrée.

---

[1] L'interprétation que donne Berman de ce passage (in *L'épreuve...*, *op. cit.*, p. 179-180) limite l'acception « poète du poète » au seul traducteur des traductions changeantes. S'il est vrai que le lien est fait explicitement, il faut toutefois tenter de voir comment l'affirmation s'inscrit dans l'économie générale du fragment. On ne voit pas comment le traducteur du deuxième genre serait le « poète du poète » si son genre de traduction n'a pas la primauté de la traduction mythologique. L'une des explications possibles est que la traduction mythique, élevant l'original à l'état de symbole, est nécessairement transformante, mais que la transformation de la traduction mythique repose sur des bases philosophiques et non esthétiques, comme celles de la traduction changeante.

[2] Novalis, *op. cit.* L'œuvre d'art *individuelle* exprime, pour le premier romantisme, l'idée goethéenne de la *Bildung*, celui d'un idéal de formation et de construction de la personnalité selon des critères d'harmonie, de raison, d'acceptation du réel, hormis que cette *Bildung*, contrairement au modèle de Goethe, est complètement *intériorisée*.

[3] *Ibid.*

[4] *Ibid.*, p. 254.

§ 68.   Certains disciples racontèrent leur voyage à la recherche de ce peuple perdu – les habitants d'Atlantide ? – dont les hommes d'aujourd'hui ne sont que les descendants ensauvagés et abâtardis. Ils avaient été menés à entreprendre ce périple à Saïs, attirés en cela par la langue absolue « qui avait été le lien splendide de ces hommes royaux avec les lieux et les habitants supraterrestres[1] ». Quelques mots de ce langage seraient restés en possession de certains sages parmi nos ancêtres. Chaque nom semblait le mot d'ordre pour l'âme de tout corps naturel[2]. La prononciation de ces mots, chant sublime, suscitait toutes les images des phénomènes universels si bien que la vie de l'univers, par ce langage, était un dialogue éternel aux voix innombrables. Ce langage réunissait toutes les forces et tous les prodiges du monde.

§ 69.   Le voyage initiatique entrepris vers Saïs à la recherche de la langue absolue[3] représente celui-là même du poète qui, à travers le langage, est le maître des significations du monde. Pour le poète, parler c'est créer, mais cette création ne se limite pas à l'ontologie, ce qu'elle vise c'est d'insuffler à l'être une âme, un esprit, une vie intérieure, une valeur spirituelle aux choses, valeur qui est, somme toute, *la forme poétique du monde*. La traduction, comme pratique du langage, ne peut être, en ce sens, qu'une pratique créatrice et profondément poétique puisque son expression est *la poétique du langage*, qui est la capacité du langage à créer le sens.

§ 70.   Il ne faut donc pas s'étonner que les premiers romantiques aient insufflé une nouvelle âme à la traduction

---

1   Novalis, *op. cit.*, tome I, p. 230.
2   « *Jeder ihrer Namen schien das Loosungswort für die Seele jedes Naturkörpers* » in *ibid*.
3   Langue absolue qui, comme dans la langue adamique, est l'expression directe de l'être.

et s'y soient adonnés autant. Wackenroder traduit *Le cloître de Netley*[1], Tieck *Don Quichotte*,
Schleiermacher traduit Platon, August Wilhelm
Schlegel traduit, entre autres, Shakespeare, Pétrarque,
Camoens en plus de permettre l'éclosion de l'orien-
talisme, en donnant une version de la *Bhagavad Gîtâ*.
Derrière chacune de ces entreprises – hormis celle
de Wackenroder –, ce qui est recherché c'est la *valeur
spirituelle* qui forme le message véritable du texte,
valeur qui est, en définitive, ce qu'ils veulent traduire. La traduction avait pour eux comme tâche de
participer à l'achèvement de l'œuvre originale, dont
la forme particulière ne pouvait accomplir l'épuise-
ment de la poétique du langage. Cette vision particulière explique pourquoi Schleiermacher, après avoir
ramené l'activité traductrice à une alternative pré-
cise[2], la dépasse en tentant de montrer que, quelle
que soit l'adoption méthodologique du traducteur,
c'est toujours le choix entre un esprit ou l'autre,
celui de l'auteur ou celui du lecteur, qui forme la
traduction[3]. Le premier romantisme allemand, sous
cet aspect précis, procède à *une élimination de la littéralité en traduction*, car il ne pose pas le problème
de la traduction comme une difficulté de *communication intertextuelle*, mais de *communication de culture*
(Bildung)[4]. La question du « respect de la lettre » ou
de la « translation de l'Étranger » n'a de sens que si
l'on considère que la lettre est la valeur du texte,
ce qui ne peut être le cas d'une philosophie comme

---

[1] Œuvre de Richard Warner.

[2] « Ou bien le traducteur laisse l'auteur le plus possible en
     paix ; ou bien il laisse le lecteur le plus tranquille possible
     et amène l'auteur vers lui ». Schleiermacher, *Über die
     verschiedenen Methoden des Übersetzens* in *Schleiermachers
     Sämmtliche Werke*, Reimer, Berlin, 1838, tome 2, p. 218.
     La traduction est de l'auteur.

[3] *Ibid.*, p. 219.

[4] On voit ici que la traduction comme entreprise de « com-
     munication interculturelle » est une nouveauté gothique.

le romantisme qui retient, tout au contraire, que cette valeur est essentiellement *esprit*. Du reste, la prétention des traductions romantiques de compléter et d'achever le texte original ne serait guère que de puériles revendications, si ce qu'elles voulaient dire était qu'en changeant la lettre on en achevait l'esprit[1]. Cela étant, on ne peut admettre avec Berman que « *Dichten* est originairement *Übersetzen*[2] » – c'est-à-dire que tout acte de création est, à la base, une traduction, selon un trait de Novalis – mais bien plutôt le contraire, à savoir que toute traduction est un acte de création qui témoigne, si l'on veut utiliser les fragments de l'*Athenäum*, de la volonté du poète (du créateur) de mettre en contact tous les genres poétiques afin de hâter l'avènement d'un genre poétique plus vaste : la poésie universelle et progressive, la poésie romantique.

§ 71.   Dans son essai de 1794 sur les *Écoles de la poésie grecque*, Friedrich Schlegel illustre l'évolution de la poésie antique qui naissait d'un intérêt envers la Nature pour atteindre son déclin, comme pure imitation, à travers le sensualisme et le formalisme. Ce « déclin » de la poésie antique contribua néanmoins

---

[1]   Quand Schleiermacher écrit que « l'individuel est en soi intraduisible » (*Ethik : (1812/13) mit späteren Fassungen der Einleitung, Güterlehre und Plichtlehre*, auf der Grundlage der Ausgabe v. Otto Braun hrsg. u. eingeleitet v. H.-J. Birkner, Felix Meiner, Hambourg, 1981, p. 153), ce qu'il veut dire – et l'idée est profondément romantique – c'est qu'un élément n'est parfaitement compréhensible que situé dans la totalité qui l'abrite. C'est au fond la vieille histoire du cercle herméneutique où le tout ne se comprend que par la partie et la partie par le tout. Un mot (chien) ne se traduit pas, il n'a que des correspondants (*Hund, Sperrklinke, Charme*). C'est lorsqu'il se trouve dans un contexte qu'il se traduit (Mon chien est grand/*Mein Hund ist groß* ; Le chien de mon arme/*Die Sperrklinke meiner Waffe* ; Il a du chien/*Er hat Charme*).

[2]   Berman, *L'épreuve de l'étranger, op. cit.*, p. 161.

à la formation d'un homme nouveau transformé au contact du beau poétique. L'histoire de l'art n'est donc pas, dans cette perspective, celle des différentes époques de l'art, mais celle des transformations de l'homme vers son humanité. Ces changements forment l'idée classico-romantique de *Bildung*. Or une telle transformation ne saurait advenir dans l'horizon d'une culture humaine cloisonnée. Antigone ne s'adresse pas qu'aux Thébains : elle parle en grec à tous les hommes. Par-delà le grec, par-delà la lettre de Sophocle, c'est la poésie du langage, la force du sens, qui doit exciter les efforts du traducteur. Cette poésie du langage, on la trouve bien exprimée dans les *Fragments* de l'*Athenäum*, manifeste du premier romantisme, où l'expression doit se libérer des artifices et des tendances terminologiques et hâter, à coup d'innovations sémantiques, la formation d'une langue dans la langue (*eine Sprache in der Sprache*) qui interdit d'emblée toute impulsion littéraliste au traducteur[1]. Novalis, avec son style prophétique, annonce l'avenir de cette poésie du langage à travers ce qu'il appelle la « logologie[2] », le verbe créateur qui « se nourrit qualitativement à la source même de l'esprit[3] ». C'est dans ces conditions que se déploie la théorie romantique du traduire, c'est elle qui guide les grandes traductions des romantiques.

§ 72.   Mais l'effort du traducteur, cet authentique « poète du poète », celui qui exalte la capacité du langage à créer le sens, possède cependant une limite. Tout travail de compréhension comporte toujours en son sein une sorte de fragilité et d'incertitude, une zone

---

[1]   Philippe Lacoue-Labarthe et Jean-Luc Nancy, *L'absolu littéraire*, Seuil, Paris, 1978, p. 245. On consultera aussi Denis Thouard, « La question de la "forme de la philosophie" dans le romantisme allemand » in *Methodos*, 1 (2001), La philosophie et ses textes (http://methodos.revues.org/document47.html), page consultée le 14 octobre 2005.

[2]   Novalis, *Semences, op. cit.*, fragment 43, p. 132.

[3]   *Ibid.*, commentaire de Schefer, p. 322.

d'ombre qui est l'*incompréhension*. En effet, comment savoir *objectivement* si l'on a percé la valeur spirituelle d'un texte ? Cette indécision est d'autant plus grande que l'œuvre à laquelle le traducteur s'applique est marquée du sceau du génie, car l'œuvre de génie *ne peut être fondamentalement ramenée à des catégories communes*. Tout travail de compréhension – et donc de traduction – s'érige ainsi sur un soupçon d'incompréhensibilité fondamentale du texte[1]. C'est cette incompréhensibilité fondamentale qui motivera, chez Friedrich Schlegel, le choix des *formes allusives d'expression* : la saillie (*Witz*), l'ironie, le fragment, qui deviennent l'*intuition* et l'*allégorie* chez Novalis. Le romantisme ayant toujours manifesté cet élan d'expression de l'infini et de la totalité, il ne pouvait qu'aboutir à une poétisation du langage – une recherche de la poétique du langage – qui, en tant que telle, en forçait les limites. D'où son choix de formes d'expression qui représentent symboliquement la totalité. Il s'ensuit que la lecture de la littérature romantique doit davantage tenir compte de son *caractère symbolique et laisser la philologie de côté*, recommandation qui vaut pour les romans, les contes et les poèmes, mais aussi pour les traductions romantiques[2].

---

[1]   Voir ce qu'en dit Ernst Behler, « Friedrich Schlegels Theorie des Verstehens : Hermeneutik oder Dekonstruktion ? » in E. Behler/J. Hörisch (hrsg.), *Die Aktualität der Frühromantik*, F. Schöningh, Paderborn, 1987, p. 141-160.

[2]   Puisque la traduction est ici comprise comme une façon de compléter l'œuvre originale (ce qui exprime une forte tendance du complexe d'Hermès) ; puisqu'elle doit exprimer une valeur spirituelle commune qui s'associe à la *Bildung* ; puisqu'elle exprime une recherche d'une poétique du langage, la traduction ne peut rendre l'Étranger qui serait un empêchement d'exprimer l'œuvre originale. Elle ne saurait manifester une attitude « éthique », car l'éthique de la traduction crée une séparation entre moi et l'autre étrangère à l'idéal de communauté spirituelle entre les hommes. Enfin, elle ne saurait être littérale, ni par la recherche poétique, ni par la valeur *symbolique* dont le romantisme l'investit.

§ 73. Parler de la traduction chez « les Romantiques » allemands est du reste une entreprise périlleuse, car il
n'y a rien de moins certain qu'il existât, entre 1797
et 1808, quelque chose que l'on pût nommer *une*
doctrine du romantisme. Quand Friedrich Schlegel
écrit à son frère qu'il aurait de la difficulté à lui
envoyer sa définition du mot Romantique car elle
tient en 125 feuilles d'imprimerie[1], il lui signifie
combien difficile peut être ce concept. Le premier
romantisme allemand – celui qui interpelle le plus
les penseurs de la traduction – est d'abord sans doctrine. Les illuminations de Novalis et les saillies de
Friedrich Schlegel n'ont parfois de commun que la
chronologie. Il ne s'agit parfois que de notes abandon-
nées dans des carnets, intuitions rédigées à la hâte,
parfois tout aussi rapidement oubliées. La philosophie du « fragmentaire », si caractéristique des penseurs d'Iéna, ne peut alors se résumer en un axiome.
August Wilhelm Schlegel n'hésitait d'ailleurs pas à
dire que « l'art et la poésie romantiques expriment
l'aspiration mystérieuse au chaos[2] ». Ainsi, l'effort
de ramener en un seul mouvement ce qui, à l'origine, est volontairement dispersif, revient à *identifier le romantisme à son concept critique*, ce à quoi il
ne correspond pas nécessairement[3]. La tentative de

---

[1] Friedrich Schlegel, *Briefe von Fr. Schlegel an A.W. Schlegel*,
hrsg. v. Walzel, Berlin, 1890.

[2] August Wilhelm Schlegel, « Über dramatische Kunst
und Literatur » in *Kritische Schriften und Briefe*, hrsg. v. E.
Lohner, Zweiter Teil, Stuttgart/Berlin/Cologne/Mainz,
1967, tome 1, p. 112. La traduction est de l'auteur.

[3] C'est ce que fait, de façon brillante cependant, Berman
dans son ouvrage *L'épreuve de l'étranger, op. cit.* À cet égard,
le concept critique auquel il ramène le romantisme est
celui de Lacoue-Labarthe et Nancy qui, on le sait, voient
dans le premier romantisme l'accomplissement d'un
absolu littéraire. On peut voir un exemple de cette critique quand Berman affirme : « [...] penser l'œuvre en tant
qu'œuvre comme absolu de l'existence, tel est le propre du
romantisme de l'*Athenäum* » (*op. cit.*, p. 115). *L'absolu littéraire*

dégager une théorie unitaire de la traduction chez
« les Romantiques » semble donc procéder à l'une de
ces identifications. Le premier romantisme allemand
dépasse l'habile collage que l'on peut faire des aphorismes de Novalis ou de ceux de Friedrich Schlegel,
et l'accumulation érudite de références à l'*Athenäum*.
Les penseurs d'Iéna cherchaient une vérité totale,
mais ils ne croyaient pas que celle-ci fût un total de
vérités. La synthèse qu'ils visaient n'était pas cumu-
lative, mais qualitative, elle se voulait le plus beau
fruit d'une imagination supérieure. Les témoignages
théoriques sur la traduction laissés par les premiers
romantiques sont trop rares pour les interpréter en
soi, sans considération à l'ensemble conceptuel qui
les a fait naître. Ce qu'il faut bien saisir avec le premier romantisme, *c'est qu'il s'agit d'une philosophie de
l'ouverture et de l'illimité*. S'il y a un « système » romantique – à partir duquel parler d'une théorie romantique de la traduction devient possible – ce n'est pas
celui d'une mécanique de concepts soigneusement
assemblés, mais plutôt l'ensemble insaisissable de la
totalité[1].

§ 74.   Cet ensemble insaisissable de la totalité rejoint la
zone d'ombre de l'incompréhension évoquée plus
haut. L'objectivité n'apparaissant plus comme le
député de la connaissance, il revient à un individu
d'exception – à une subjectivité géniale – d'en percer les arcanes. Ce *génie* est, certainement pour
Friedrich Schlegel et Novalis, l'*artiste*, celui qui sait
comprendre l'universalité du réel. Lorsque dans un
fragment Novalis parle du traducteur, il ne voit pas
en lui un artisan, l'humble passeur de la tradition
médiévale, mais précisément cet artiste qui « doit

---

est une source constante de *L'épreuve de l'étranger*. Quand
Berman cite les fragments de l'*Athenäum*, c'est dans la traduction qu'en donne *L'absolu littéraire*.

[1]   Voir notre développement in *La forme poétique du monde*,
op. cit., p. 173-178.

pouvoir donner l'idée du tout à sa guise[1] ». Aussi n'a-t-il pas à imiter la nature extérieure et ses produits (*natura naturata*) – ici le texte à traduire – « mais à créer à la manière de la nature créatrice (*natura naturans*), en produisant à partir de soi une image autonome[2] ». C'est là d'ailleurs le point de vue général d'August Wilhelm Schlegel – sans contredit le plus grand traducteur de son époque – quand il affirme : « ce que nous empruntons du dehors doit, pour ainsi dire, être régénéré en nous, pour reparaître sous une forme poétique[3] ». Cette forme poétique est en continuité avec la valeur spirituelle que les premiers romantiques accordaient au monde et à ses œuvres, spiritualisant la Nature, l'Histoire, la Science et l'Art. C'est en ce sens que la traduction est une poursuite de l'œuvre originale, car la forme qu'emprunte la poésie – entendre ici la création – ne saurait s'épuiser dans une conformation particulière, encore moins dans la littéralité[4].

---

[1] Novalis, *op. cit.*, p. 255.

[2] *La forme poétique…*, *op. cit.*, p. 442.

[3] August Wilhelm Schlegel, *Cours de littérature dramatique*, traduit de l'allemand par Madame Necker de Saussure, Librairie internationale Lacroix, Verboekhoven et Cie, Paris, 1865, tome 1, p. 42.

[4] Qu'il n'y va pas de la littéralité en traduction s'explique aussi par le fait qu'une phrase peut être grammaticalement correcte et, malgré cela, n'exprimer aucun sens (exemple : « La peau encoigne partiellement les sulfates de fulgurances »). Faisons remarquer ici une chose. La littéralité est la stricte conformité à la lettre d'un texte. En ce sens, *la littéralité ne se distingue pas de la lettre* à moins, bien sur, que l'on veuille détourner le sens des mots, ce que l'on peut apprécier en poésie, mais peu dans un ouvrage qui veut faire la lumière sur un sujet. Certains objecteront que la littéralité d'Antoine Berman réside dans le fait que la lettre est une mise en forme significative et poétique du texte. Cependant, une mise en forme d'un texte appartient *à sa composition syntaxique, non à sa forme littérale*, composition syntaxique qui appartient

§ 75. C'est donc peu dire que d'affirmer que l'on assiste avec les penseurs du premier romantisme à une réévaluation du rôle de la traduction. Si auparavant les considérations sur la traduction reposaient sur des observations méthodologiques – comment traduire un texte – ou sur des hypothèses esthétiques dont les « Belles infidèles » se voulaient les plus chatoyantes expressions, le premier romantisme allemand a élevé la traduction au rang *d'art de l'écriture*. L'émancipation voulue pour le traducteur qui, de simple passeur d'un texte en devient le co-auteur, allant même jusqu'à le compléter, parle en faveur d'une discipline pour laquelle primera désormais *l'aspect critique*. Comme l'auteur, le traducteur s'inscrit dans la totalité de l'histoire de l'art ; il n'est plus cet autre invisible. Le traducteur est celui qui parvient, comme l'auteur, à cette intuition de *l'œuvre comme un tout*, ce tout qui fait qu'une œuvre d'art n'est pas seulement individuelle. En effet, tout artiste éclaire tous les autres, leur donne un sens particulier et en reçoit un général. Le traducteur est celui qui, dans une œuvre, sait en reconnaître avant tout le sens, sens qui dépasse le textuel pour toucher quelque chose de plus grand qui serait l'Art lui-même. La « traduction romantique » est celle qui saisit, dans l'œuvre, le sens que cette dernière apporte à l'histoire de l'Art. En cela, elle *reconstruit*, perçoit, juge et caractérise toutes les particularités du tout[1]. Ce travail, que l'on nomme « caractérisation » est précisément celui de *la critique*

à la rhétorique et non pas à la littéralité. Croire que c'est de la lettre que naît l'esprit, c'est prôner l'intraductibilité fondamentale de tous les textes, car aucune traduction ne pouvant reproduire la lettre, il s'ensuivrait logiquement qu'aucune ne saurait en rendre l'esprit.

[1] Voir Friedrich Schlegel, « Über Lessing » in *Kritische Friedrich-Schlegel-Ausgabe, op. cit.*, tome 2, p. 100-125.

romantique[1]. Le point saillant de cette critique est la
différence, dans une œuvre, entre la lettre et l'esprit,
qui représente, précisément, la libération de tous
les liens philologiques – et méthodologiques – de la
littéralité[2]. Ainsi, le traducteur doit exprimer l'unité
spirituelle de l'œuvre, il est le poète du poète, un
recréateur de l'œuvre traduite qu'il achève par
son travail. Il s'agit là d'autant de formes sublimes
pour exprimer ce que Schleiermacher énonce avec
finesse : « Dans tout élément [mot], il faut distinguer la multiplicité de l'usage et l'unité de la signification. [...] L'occurrence réelle des mots est, dans
la plupart des cas, variable ; le sens est déterminé
par le contexte. Mais il existe une seule sphère du
mot dans laquelle doivent être comprises toutes les
autres[3] ». L'*individualité* représente cette sphère du
langage, celui par qui les contextes qui éclairent le
sens à traduire deviennent possibles. Par conséquent,
une entreprise de compréhension du sens ne peut se
passer d'une compréhension de l'individu par qui
le sens vient au jour. Or, l'art par lequel le premier
romantisme s'emploiera à recréer la vie intérieure

---

[1] « La caractéristique n'est pas historique ; elle considère son
objet comme un tout tranquille et indivisible », *Kritische
Friedrich-Schlegel-Ausgabe*, *op. cit.*, tome 16, p. 138. La traduction est de l'auteur. Friedrich Schlegel a d'autres formules afin de souligner le rôle unificateur de la critique ;
elle est le « lien », le « mariage » de l'Histoire et de la
Philosophie, le lieu où se produit la compréhension d'une
œuvre comme un tout que l'esprit peut reconstruire.
« Vom Wesen der Kritik » in *ibid.*, tome 3, p. 60-61.

[2] Friedrich Schlegel, « Zur Philologie » in *ibid.*, tome 16,
p. 35-81. L'élan de la critique romantique est de poétiser
le monde et de pénétrer tous les domaines de la vie : elle
s'exprime donc par le refus de l'érudition froide et pous-
siéreuse. On verra en particulier Thomas Anz et Rainer
Baasner (hrsg.), *Literaturkritik – Geschichte, Theorie, Praxis*,
C. H. Beck Verlag, Munich, 2004, p. 52-55.

[3] Friedrich Schleiermacher, *Herméneutique*, trad. par Ch.
Berner, PUL (Lille), Cerf, Paris, 1989, p. 79.

de l'auteur dont l'unité éclaire, discrimine et juge le sens de l'œuvre s'appelle la *critique*; c'est pourquoi, en définitive, toute traduction romantique se fonde sur la critique[1].

§ 76. Dans la *Philosophie der Philologie*, Friedrich Schlegel s'applique à redéfinir le terme « *Klassisch* », appliqué à la philologie, à la lumière de l'historicité des œuvres d'art[2]. En étudiant les traductions homériques de Voß, Schlegel note que le traducteur visait une mimesis de l'original qui, par l'annulation de la différence entre l'antique et le moderne, supprimait la dynamique de l'histoire. La traduction ne doit pas supprimer l'original. Son *Verweischarakter* doit constamment renvoyer à l'original : elle doit porter le signe de l'incomplétude et de la perfectibilité. Toute interprétation étant nécessairement provisoire parce qu'elle s'inscrit dans l'histoire en devenir, la traduction – comme acte interprétatif – a une tâche en soi indéfinie et infinie, liée à la dynamique de l'historicité des interprétations. On ne peut pas dire en soi ce qu'elle est; seulement montrer ce qu'elle a été, ce qu'elle est devenue, à un certain moment. *La traduction est un témoignage du devenir continuel des formes*

---

[1] L'incompréhensibilité fondamentale sur laquelle s'élève le travail du traducteur (§ 72) – et qui commande les formes allusives d'expression des romantiques – explique aussi pourquoi la traduction sera dominée par la *critique* plutôt que par l'*herméneutique*, par une recherche de la signification (*Bedeutung*) plutôt que du sens (*Sinn*).

[2] Il est assez étonnant que Berman ne fasse aucunement référence au texte de Friedrich Schlegel *Philosophie der Philologie* (1797), texte où les nouvelles idées du critique allemand sur la philologie ont des conséquences fort importantes en traduction. La raison tient peut-être au fait que la source principale de Berman est toujours l'*Absolu littéraire* et probablement aussi – pour de nombreuses citations de *L'épreuve de l'étranger* – l'ouvrage de Hans Joachim Störig, *Das Problem des Übersetzens*, Wissenschaftliche Buchgesellschaft, Darmstadt, 1963.

littéraires, des phénomènes poétiques et artistiques et s'inscrit, en définitive, dans le projet global de la poétique du premier romantisme tel que présenté – de façon fragmentaire – dans l'*Athenäum*, projet qui est précisément celui de la critique[1].

§ 77. August Wilhelm Schlegel, cependant, est au fond celui qui reste le plus près de l'esprit de la *Goethezeit*. L'essentiel de ce qu'il apporte en traduction se trouve dans sa recension du travail de Voß. Pour lui, la forme, tant dans la poésie que dans la traduction, est l'élément structurant. Le contenu d'un texte – en particulier de la poésie – se trouve dans ses caractéristiques formelles. Le monde homérique, par exemple, n'existe plus aujourd'hui qu'à travers la forme de sa langue. La langue homérique est ainsi le véhicule non seulement du sens du texte, mais aussi du sens du monde homérique lui-même. Toutefois, le sens du monde homérique dont l'historicité n'est plus en devenir ne peut être analysé et interprété que de façon fugace, fragmentaire, partielle, du fait même qu'il doit l'être par la modernité qui, elle, est en devenir. Toute traduction ne pourra alors qu'exprimer cette *partialité*, cet aspect résolument fragmentaire, si bien qu'une traduction ne peut être que le maillon d'une chaîne interprétative qui tente de saisir le sens du texte à une époque donnée, sens qui peut satisfaire une époque, mais pas nécessairement la suivante. Cette course à l'historicité du sens, qui déborde le textuel pour couvrir l'ensemble du champ culturel (*Bildung*), enchâsse la traduction au sein de la discipline maîtresse du premier romantisme qu'est la *critique*[2].

---

[1] « Une critique qui ne serait pas seulement le commentaire d'une littérature déjà existante, achevée, fanée, mais plutôt l'organon de la littérature ». Friedrich Schlegel in *La forme poétique du monde, op. cit.*, p. 560.

[2] La soi-disant « mortalité » des traductions n'est, sous cet angle, rien de plus que le témoignage de l'historicité du sens du texte.

§ 78.   Pour Schleiermacher, la fonction de la langue est de fixer le sens à l'intérieur d'un système. Ce système exprime à son tour la tension entre les significations générales indéfinies (*ainsi, Newton, la, de, pomme,* etc.) et les significations particulières spécifiques (« Ainsi la pomme de Newton »). Si l'homme hérite du système qu'est le langage, il contribue lui aussi à le former. Dans cette optique, la traduction n'est pas seulement la traduction d'un système linguistique, mais aussi *de l'usage de ce système par l'auteur traduit*[1]. Il faudrait donc tenir compte de l'usage particulier qui en est fait, et viser une traduction qui laissât subsister l'auteur dans le texte[2]. Cependant, la langue représente en soi un infini, parce que chaque élément est déterminé d'une façon particulière par le reste[3], et cela vaut pour l'aspect psychologique. Cela étant, la possibilité de faire subsister l'auteur comme auteur dans une version représente une tâche tout aussi infinie que le langage. En ce sens, la littéralité ne saurait être une méthode convenable du traduire – étant admis qu'il faut retrouver l'usage de la langue propre à l'auteur – puisque la littéralité ne parvient pas à épuiser la richesse des combinaisons possibles qui forment, pour Schleiermacher, l'infini du langage. En outre, si la traduction s'associe à l'art du comprendre, elle ne peut s'arrêter à ce qui, dans le langage, correspond à des règles, car les règles forment une sorte de mécanisation du comprendre et perdent le caractère personnel du message. Ici encore, la traduction est renvoyée à la critique[4].

---

[1]   Usage qui, on le voit très bien en poésie, est un élément de sens. Une « poétique » du traduire s'appuie sur cet usage.

[2]   Berman reprend cette idée sous la forme de l'Étranger.

[3]   Schleiermacher, *Hermeneutik und Kritik*, hrsg. v. M. Frank, Suhrkamp, Francfort-sur-le-Main, 1999, p. 80.

[4]   Le projet poétique romantique, par sa soif de totalité, devait nécessairement trouver dans la critique son achèvement et la réalisation de ses plus hautes aspirations. La traduction, ramenée à la critique, est au service de la

§ 79.   Chez les premiers romantiques allemands, l'occultation de la traduction au profit de la critique repose
aussi sur leur *conception de l'art comme langage*. En
effet, le langage n'est pas vu par eux comme quelque
chose de statique, mais en perpétuelle transformation, « tout comme la création du monde[1] ». D'un
point de vue philosophique, « son développement
continu relève d'une formation de l'esprit devenant conscient de soi[2] ». La Littérature symbolise
adéquatement l'activité de transformation du langage à travers lui-même, transformation dont la
poésie, qui force les possibilités du langage, représente l'icône. Ce développement continu du langage
exprimé par les formes littéraires a nécessairement
une incidence sur le sens de ce qui est communiqué
et, par conséquent, *de ce qui peut être traduit*. L'œuvre
d'art romantique, on le sait, veut représenter de
façon finie l'infinité de la poésie. Or, l'infini peut
se peindre d'une infinité de façons différentes ; pour
lui, la question de la forme est contingente. Que le
sens de l'infinité s'exprime nécessairement sous une
forme contingente manifeste l'essentiel de ce que
l'on a appelé *l'ironie romantique*. Ainsi, *toute expression
langagière est, en elle-même, ironie*, puisque rapportée
à une œuvre, elle témoigne de la contingence de la
relation entre le fond et la forme. Au point de vue de
la traduction, cela signifie l'abandon de la littéralité,
incapable d'exprimer ce jeu contingent du fond et
de la forme (puisqu'elle prend la forme au sérieux),
inscrivant *de facto* le processus de traduction au

---

poétique du langage, comme on le voit chez Novalis. À
cet égard, l'intense activité de traduction des romantiques
ne mène pas à une *éthique* (Berman) ou encore à une *langue
pure* (Benjamin), mais s'inscrit dans un projet poétique
plus vaste – au sein duquel se trouve la langue – et qui est
celui de la *critique*.

[1]   August Wilhelm Schlegel, *Leçons sur l'art et la littérature*,
op. cit., p. 358.

[2]   *La forme poétique…*, *op. cit.*, p. 543.

cœur de cette progressivité qui est celle de la poésie romantique. De plus, l'essence de toute poésie romantique est de ne jamais être achevée[1]. Poésie de l'inachèvement, *la poésie romantique sera celle de l'éclatement de la forme littéraire*, éclatement qu'incarne *le fragment*. Mais le fragment n'exprime pas complètement la totalité du sens de la poésie romantique, il n'en est jamais, justement, qu'un petit éclat. Ainsi, la traduction ne peut-elle jamais prétendre recouvrir complètement le sens d'une œuvre ; elle ne parvient qu'à l'expression partielle et fragmentaire du sens ce qui démontre, en définitive, son caractère évolutif et changeant[2]. Du reste, la difficulté du premier romantisme à résoudre la question de la forme littéraire[3] devait pousser la traduction à être considérée, non pas comme l'expression d'une forme littéraire pleinement autonome, mais comme une fraction de la critique. Enfin, la volonté intrinsèque du premier romantisme de changer le réel en fonction de l'idéal poético-philosophique qu'il s'en faisait, inscrit toute œuvre littéraire – et toute traduction – *dans un projet utopique*. L'idée d'une traduction comme *l'au-delà de l'œuvre* entre dans ce sillon.

§ 80.　Pour les penseurs d'Iéna, la traduction est bien, en conséquence, *un témoignage du devenir continuel des formes littéraires* ; elle ne peut être que le maillon d'une chaîne interprétative qui tente de saisir le sens du texte à une époque donnée ; elle n'est pas seulement la traduction d'un système linguistique, mais aussi de l'*usage de ce système* par l'auteur traduit[4].

1　*Athenäum*, fragment 116.

2　Il faut conclure de cela l'historicité fondamentale des théories de la traduction, liées aux époques qui les a vu naître et, surtout, à l'esthétique qui dominait quand elles ont été élaborées.

3　La poésie romantique voulant exprimer l'essence même de l'art, aucune forme littéraire ne pouvait lui convenir.

4　Cet usage s'inscrit dans une perspective poétique que la rhétorique représente dans un sens large.

Ces notions peuvent s'exprimer par *trois oppositions fondamentales* : le devenir des formes face à la fixité du texte ; l'historicité du sens en regard du caractère historique du texte ; le caractère dynamique de la langue opposé à la stabilité de son usage. Il y a donc, chez ces philosophes, une conception de la forme, du sens et de l'usage du texte littéraire qui atteste de ce qu'il a de dynamique ou, comme l'aurait dit Friedrich Schlegel, de ce qu'il possède de *progressif*. Les intuitions romantiques sur la traduction s'inscrivent dans une compréhension de *l'esthétique* où ce qui domine c'est l'aspect évolutif et progressif dont la *critique* entend rendre compte[1]. Une fois encore, nous avons un cas de *thématisation*[2] de la traduction à l'intérieur d'une discipline, qui est ici *la critique romantique*[3]. Ce n'était d'ailleurs pas la première fois qu'une doctrine de la traduction se voyait englobée dans un champ théorique plus vaste. Perrot d'Ablancourt, en son temps, ne s'est

---

[1] La critique va se détacher de la dichotomie classique forme/contenu, pour enquêter sur la créativité elle-même. L'œuvre d'art étant perçue comme un produit individuel, elle exprime le sentiment individuel, d'où sa compréhension de la poésie comme système de symboles (chez Novalis, par exemple) et de la langue comme structure organique (Schleiermacher).

[2] Voir *supra* §56.

[3] Lorsque Berman annonce qu'il faut « affirmer que la traduction ne peut jamais constituer une simple branche de la linguistique, de la philologie, de la critique (comme le croyaient les Romantiques) ou de l'herméneutique : elle constitue [...] une dimension *sui generis* » (*L'épreuve de l'étranger, op. cit.*, p. 286), on peut y voir une manifestation du complexe d'Hermès, de cette quête de reconnaissance de la part du traducteur visant à affirmer que son activité est signifiante *en soi*. En effet, ce qui précède montre plutôt que la traduction, dans son traitement historique par le romantisme allemand, s'insère toujours dans ces disciplines (linguistique, philologie, poétologie et critique) qui représentent, en elles-mêmes, l'authentique « dimension *sui generis* ».

décidé à la traduction que par constance envers un système critique qui dirigea son activité. Les « Belles infidèles », en effet, marquent moins un présupposé théorique en traduction, qu'elles ne révèlent la prise de conscience *critique* des capacités esthétiques de la prose française[1].

§ 81.   On retrouve dans cette ambiguïté de la traduction, *en porte-à-faux sur l'esthétique et le spéculatif,* cette volonté d'être davantage qu'une activité de passage de sens. Il s'y manifeste un dessein de reconnaissance de la part de cet humble passeur qu'est le traducteur face à ce dieu des arts qu'est l'auteur, désir de reconnaissance qui exprime ce qu'est *le complexe d'Hermès,* et dont plusieurs développements contemporains de la traductologie sont les symptômes. Hermès n'est certes qu'un messager, mais c'est de lui néanmoins qu'Apollon tient la lyre qui est son principal attribut. Créateur de la lyre, Hermès n'est ainsi pas dépourvu de sens pour l'art, ni non plus de talent. En effet, il fallait une compréhension particulière de la communication pour créer la lyre, et le don qu'il fit à Phébus est lourd de symbolisme. Que le dieu messager donne la lyre au dieu des arts, que celui qui est dépositaire du message remette au dieu de la « théorie[2] » un si précieux bien, cela doit signifier quelque chose.

§ 82.   L'art fut classiquement entendu comme l'ensemble des *règles* qui dirigent les actions humaines. C'est ainsi que Platon parle d'un *art* du raisonnement[3], de

---

[1] On verra à ce propos l'ouvrage classique de Roger Zuber, *Les « Belles infidèles » et la formation du goût classique,* Albin Michel, Paris, réed. 1995, p. 413-416.

[2] La sœur jumelle d'Apollon, Artémise, est la déesse de la Nature en liberté ; Apollon celui des arts dont la liberté s'exprime par les règles qu'ils suivent, attendu que dans le génie grec n'est libre que celui qui est délivré de toute déraison et qui suit *volontairement* les règles de la rationalité.

[3] *Phèdre,* 90b.

la politique et de la guerre[1]. La médecine est un art et même le respect et la justice sans quoi l'homme ne peut jamais vivre en paix dans la Cité[2]. Il n'y a donc que l'objet de *production* qui soit un art. C'est d'ailleurs en ce sens qu'Aristote parle de l'art[3] et que Plotin distingue entre les arts qui produisent *des choses* et ceux qui produisent *des hommes*[4]. Dans tous les cas, il ne saurait y avoir d'art sans production. En donnant la lyre à Apollon, Hermès ne veut-il pas indiquer que toute activité de communication est un art et que, comme telle, cette activité doit s'inscrire au sein d'une *poétique* ? Du reste, cette incertitude entre l'aspect esthétisant du langage et son caractère spéculatif repose sur les fonctions essentielles du langage dont on a oublié les plus importantes. En effet, le langage ne joue pas qu'un rôle dans l'*expression* ou la *communication des idées*, il possède aussi des fonctions de *description* et d'*argumentation* qui permettent une *analyse esthétisante du langage* à travers les notions de *rhétorique* et de *style*. Il apparaît ainsi qu'une théorie de la traduction ne peut se limiter à la linguistique, ou bien s'abîmer dans des considérations philosophiques abstraites, mais qu'elle doit procéder à une réflexion sur la poétique même de la traduction, à savoir réfléchir sur la signification esthétique de cette activité de passage du sens. Il faut se souvenir que la lyre est ce qui unit Hermès et Apollon.

§ 83.   La rhétorique fut, dès son origine, une forme esthétisante du langage. L'esthétique faisant naturellement référence au sens, la rhétorique était cet art qui cherchait à convaincre non pas en s'appuyant sur la raison, mais en « faisant sensation[5] ». C'est pourquoi la

---

[1]   *Protagoras*, 322a.

[2]   *Ibid.*, 322c–d.

[3]   Aristote, *Métaphysique*, 982a 1.

[4]   Plotin, *Ennéades*, IV, 4, 31.

[5]   L'esthétique est, étymologiquement, l'αἴστησις, à savoir la *sensation*.

rhétorique, malgré ses règles, représente une forme libre et indépendante d'expression linguistique, puisqu'elle n'a pas à soumettre ses témoignages aux preuves ni aux arguments des savoirs rationnels ou des convictions objectives ; pour elle, seul lui suffit le sentiment subjectif qui se cache derrière toute la floraison de ses images. L'évidence de ses démonstrations est la sensation de vérité, qui représente une impression tout individuelle. La rhétorique apparaissait ainsi à Platon plus près de l'art culinaire que de la médecine, à savoir qu'elle satisfaisait davantage le goût particulier qu'elle n'améliorait la personne[1]. Comme faculté de considérer les moyens disponibles à la persuasion[2], la rhétorique était un ornement de la dialectique, dans la mesure où elle développait les *capacités expressives* du langage, alors que la dialectique, elle, se chargeait de la construction des principes de la connaissance à l'aide de l'outil qu'est la langue. La rhétorique est une poétique du langage dans la mesure où elle prescrit des règles qui bornent et modulent l'art de convaincre ; mais de même que la poétique n'est rien sans la poésie, la rhétorique n'est rien sans l'*éloquence* qui l'exprime et, en un certain sens, l'achève. Ce n'est pas innocent, en ce sens, que nous retrouvions l'une des plus antiques réflexions sur la traduction dans un traité sur l'art oratoire[3]. Si la rhétorique vise la persuasion à travers une utilisation particulière du langage, c'est donc que le langage possède des vertus persuasives ; la rhétorique est ce qui reconnaît et peut, pour ainsi dire, mettre en scène les vertus persuasives du discours, les plier pour qu'elles rendent un certain effet, qui n'est pas celui de la conviction – savoir objectif – mais de la persuasion – impression subjective – laquelle, à maints égards, ressemble à l'impression

---

[1]   Platon, *Gorgias*, 465c.

[2]   Aristote, *Rhétorique*, 1355b 26.

[3]   Il s'agit du traité *Libellus de optimo genere oratorum* de Cicéron.

subjective des Beaux-Arts[1]. C'est en ce sens que la rhétorique exprime une sorte de poétique du langage, et
lorsque Cicéron affirme dans son traité qu'il a traduit
« comme un orateur et non comme un interprète du
texte », il veut dire que la traduction est une recréation
du texte à partir d'un sens qui doit produire *un effet*,
car c'est là le but de l'orateur. Il s'agit donc d'un texte
qui prend en charge, dès sa création, *l'intention rhétorique de l'original comme élément constitutif de la poétique
du texte*. De même, Horace, dans l'*Art poétique*, informe
le poète qu'il ne devra pas rendre fidèlement, mot à
mot, le texte qu'il doit traduire[2], mais plutôt s'attacher
à son esprit, c'est-à-dire à la forme rhétorique qui met
en scène le langage de l'original. Ainsi, toute forme de
littéralisme procède d'une élimination de la cohésion
poétique et de l'organisation rhétorique de l'original,
ce qui ne représente jamais, dans la recherche du sens,
qu'une trahison de celui-ci. L'élimination de la rhétorique – mais aussi du style – ou bien le discrédit ou
encore l'inattention portée à son rôle poétique dans
la langue originale exprime, en traduction, la volonté
de limiter le langage à ses fonctions d'*expression* ou de
communication des idées, au détriment de ses fonctions
de *description* et d'*argumentation* ; elle témoigne directement d'un désir de ravaler la rhétorique et l'éloquence
au niveau du simple discours, de ramener l'adresse au
rang du message, d'imposer Hermès et de soumettre
Apollon[3].

---

[1] Instruire, plaire et émouvoir.

[2] « *Nec verbo verbum curabis reddere fidus interpres* », Horace,
Art poétique, vers 133. Ici encore la traduction est inscrite
en esthétique.

[3] Hermès est parfois appelé le « dieu de l'éloquence ». Mais
quand les Anciens allaient au temple, ils lui offraient les
langues des victimes sacrifiées, démontrant ainsi que l'éloquence qu'on lui attribuait, se limitait *à la seule fonction ins-
trumentale du langage* (le fait de parler) ; quand les Anciens
voulaient parler de *l'éloquence comme forme sublimée et esthétisante de communication*, c'est vers *Calliope* qu'ils se tour-
naient, l'une des neuf Muses.

§ 84. Historiquement, les premières atteintes du complexe d'Hermès se manifestent à partir du XVIIIᵉ siècle. Le dogmatisme rationaliste, qui prend ses racines chez Descartes, avait suffisamment gagné le monde bigarré des opinions philosophiques du XVIIIᵉ siècle pour que la Raison offrît son nom au siècle tout entier. Or, là où la raison est jugée omnipuissante, là où la raison peut tout et fait foi de tout, tout art dont l'intention serait explicitement tournée vers la persuasion n'a plus droit de cité. Si la raison est infaillible, il n'y a plus de place pour les artifices de la conviction. Les lumières de la raison n'ont que faire des feux de la rhétorique[1]. Le tournant qui marque, selon nous, l'abandon complet de la rhétorique en traduction – et donc au renoncement de la poétique du traduire – est accompli idéalement dans l'introduction à la traduction d'*Agamemnon* que Wilhelm von Humboldt fit d'Eschyle.

§ 85. Humboldt n'est pas uniquement ce penseur ayant consacré au langage de longs et parfois difficiles essais comme le veulent les poncifs académiques. Bien que ces travaux fussent, à ce chapitre, des éléments ayant considérablement contribué à son illustration, Humboldt ne se limita pas à la linguistique ou à la philologie. En fait, pour comprendre son œuvre, il faut savoir qu'elle repose sur une conception particulière de l'homme, qui donne cohésion à ses différents développements et leur sert, pour ainsi dire, de fil d'Ariane. Humboldt était convaincu que l'esprit de l'humanité vit et agit chez les hommes et dans leur histoire, comme idéal et critère

---

1. Le premier romantisme allemand, qui procède à une réhabilitation épistémologique du sentiment comme voie d'accès à la connaissance des choses en soi interdit par Kant, devait tout naturellement réhabiliter avec lui, dans le domaine des lettres – et donc en traduction –, l'idée de l'esthétique comme élément de sens fondamental du texte littéraire.

à l'aune de laquelle mesurer toute individualité et manifestation humaine. C'est pourquoi il estimait que le but que devait poursuivre tout homme était en lui-même, dans sa formation progressive, dans l'évolution et la réalisation de l'humanité[1]. À maints égards, cette conception anthropologique est classicisante et rejoint l'idée goethéenne que l'homme doit devenir ce qu'il est, c'est-à-dire réaliser concrètement en lui l'idée d'humanité[2]. L'esprit de l'humanité, cette forme platonicienne à laquelle nul jamais ne peut parfaitement correspondre, représente la fin de l'anthropologie de Humboldt[3]. Il considère que cet esprit est une force spirituelle dont dépendent toutes les manifestations humaines dans le monde. La recherche de la réalisation de l'esprit de l'humanité est à l'origine de la création des *arts*[4], de même qu'elle représente le moteur de

---

[1] Voilà ce qui résume, pour l'essentiel, ce que la culture allemande classico-romantique entendait par « *Bildung* ». Notons que pour bien saisir ce que dit Humboldt de la traduction, il est nécessaire de comprendre que sa théorie du langage se fonde sur son anthropologie. Il ne saurait y avoir ainsi de « *Bildung* de la langue », dont la traduction se ferait la promotrice comme le prétend Berman (*L'épreuve de l'étranger, op. cit.*, p. 245), puisque toute *Bildung* se rapporte non pas à une conception « linguistique » du sujet, mais à sa conception « anthropologique ».

[2] « On dit avec raison que le développement harmonieux de toutes les facultés de l'homme est ce qu'il faut désirer, et que c'est là la perfection, oui, mais l'homme n'en est pas capable, et il doit se considérer et se développer comme un fragment d'être, en cherchant seulement à bien concevoir ce que sont tous les hommes réunis ». Goethe, *Conversations avec Eckermann*, année 1825.

[3] *Gesammelte Schriften*, Ausgabe der Preußischen Akademie der Wissenschaften, hrsg. v. Albert Leitzmann, Berlin 1903-1936, Nachdruck 1968, 16 vol., I, p. 388 et ss.

[4] L'art transforme la réalité en l'idéalisant, c'est-à-dire en la transformant, par l'imagination, en force spirituelle *humaine*. Voir *ibid.*, II, p. 133 et ss.

l'*Histoire*[1]. L'activité de cette force spirituelle chez l'homme forme, quant à elle, le *langage*. Pour Humboldt, le langage est l'activité spécifique de l'esprit humain et touche, à ce titre, tous les aspects de l'existence. Il se structure comme une totalité organique et vivante au sein de laquelle chaque mot annonce et suppose tous les autres. À la suite de Herder qui, dans *Une autre philosophie de l'histoire*, affirmait que chaque nation a un mode d'être particulier, Humboldt suggéra un lien étroit entre la langue et le mode d'être de la nation qui la parle. La langue exprime le *Volksgeist*, l'esprit du peuple. La diversité des langues nationales évoque, et exprime tout à la fois, la diversité des visions du monde, visions qui sont modulées par l'imagination et le sentiment[2]. Cependant, le langage prenant sa source dans l'activité de l'âme, toutes les langues auront, dans leur organisation, quelque chose de semblable[3]. La diversité qui existe entre elles s'explique par la force créatrice du langage[4] qui s'est développée différemment d'un peuple à l'autre, au gré des époques, chaque langue étant formée par l'imagination et le sentiment propre, si bien qu'à partir d'un même principe elles s'expriment différemment, un peu comme, en mer, un même rocher forme des récifs variés selon la force des vents et des marées.

---

[1]   *Ibid.*, IV, p. 56.

[2]   Cette idée n'était pas propre d'ailleurs à l'Allemagne, mais était bien vivante aussi en France à la même époque. Ainsi Joseph de Maistre : « Les nations ont une *âme* générale et une véritable unité morale qui les constituent ce qu'elles sont. Cette unité est surtout annoncée par la langue ». *Œuvres*, Vitte, Lyon, 1884, tome I, p. 325.

[3]   Ce qui explique que tout peut se traduire et que la traduction se fait du semblable au semblable, du connu au connu. Champollion et la pierre de Rosette en sont ici un bon exemple.

[4]   Force qui ne dépend pas que de l'intellect, mais aussi de l'imagination et du sentiment.

§ **86.** Dans le domaine de la traduction, la vision que le penseur allemand a du langage engendre ce qu'il convient d'appeler *le paradoxe de Humboldt*. Si toutes les langues ont quelque chose de commun dans leur organisation, et peuvent donc être traduites, elles n'en expriment pas moins l'esprit *particulier* d'un peuple qui, dans sa particularité même, ne pourrait survivre au transfert linguistique. En effet, si ce qui compose la particularité de l'esprit d'une nation pouvait être exprimé complètement dans une autre langue, il prouverait par là qu'il n'a rien de particulier et que ses catégories sont tout à fait assimilables à celle de la nation qui traduit[1]. Que doit alors faire le traducteur en regard de ce fâcheux paradoxe ? L'intérêt que Humboldt portait aux langues en général, et en particulier à la grammaire, montrait combien c'était l'aspect *formel* qui dominait pour lui. Dans un essai sur la construction grammaticale de la langue chinoise, Humboldt affirmait : « La grammaire, plus qu'aucune autre partie du langage, est présente invisiblement dans la façon de penser du locuteur ; chacun apporte ses idées grammaticales et les dépose, si elles sont plus parfaites et accomplies, dans la langue étrangère. Car, bien sûr, dans chaque langue, si l'on prend en compte tous les moments de l'usage, on peut assigner à chaque mot d'une phrase une forme grammaticale[2] ». S'il en est vraiment ainsi, tout traducteur dans son approche du texte à traduire y transporte ses propres catégories. Ainsi, sa compréhension du texte original serait-elle

---

[1] L'objectif n'est pas ici de donner dans les outrances de l'hypothèse Sapir-Whorf voulant que le langage soit la traduction de la réalité sociale spécifique à une culture donnée, si bien que l'existence du monde réel ne serait rien sinon qu'une vision que nous en donne notre langue maternelle.

[2] « Über den grammatischen Bau der Chinesischen Sprache » in *Gesammelte Schriften., op. cit.,* V, p. 311. La traduction est de l'auteur.

limitée à l'adéquation possible de ses « idées grammaticales » aux « idées grammaticales » présentes dans l'original. Sans débattre ici les conséquences considérables de cette opinion, on soulignera qu'elle ne comprend le sens que sous une forme essentiellement *compositionnelle*, c'est-à-dire sous une forme où le sens du texte est, d'une part, lié à sa composition grammaticale et d'autre part, à l'adéquation, ou non, de celle-ci à celle du traducteur. Cette façon de voir les choses ne tient absolument pas compte, pour le sens, des artifices du style, liant le sens à la *grammaire*, au *lexique* ou au *contexte*[1]. Si l'on y regarde de plus près, on voit que l'on perd l'effet esthétique de la rhétorique et son ascendant sur le sens du texte, puisqu'elle ne se trouve dans aucun de ces trois éléments, justement parce qu'elle les met en scène. Si l'on ne s'attache qu'à l'aspect formel du sens, on est alors en butte au paradoxe évoqué plus haut, si bien que la seule façon de s'en libérer est d'admettre que le sens du texte ne s'épuise pas dans sa composition grammaticale, lexicale ou contextuelle[2].

§ 87.　C'est en 1816 que Humboldt a publié sa traduction de l'*Agamemnon* d'Eschyle. Il y livre quelques réflexions sur la tragédie antique, et quelques autres observations sur la traduction comme discipline. Pour bien en pénétrer le sens, il faut inclure ces observations dans le vaste projet humboldtien du

---

[1]　Ce genre d'aliénation est de façon générale celle des théories de la littéralité.

[2]　Quand Meschonnic suggère de ne pas penser le traduire comme une traduction d'une langue à une autre langue, mais comme une traduction d'un discours vers un autre discours, d'une poétique à une autre (*Un coup de Bible en philosophie*, *op. cit.*, p. 124), il va tout à fait dans le sens d'une traduction qui doit prendre en compte, dans son activité, de l'effet esthétique de la rhétorique sur le sens et de sa mise en scène de la langue. Il y a une différence entre le langage et l'art du discours.

langage qui, par sa nature, exprime à travers le texte une vision particulière du monde. La traduction communique ce que ne possèdent ni la langue, ni l'esprit de la nation qui l'accueillent, lui donnant de la sorte l'occasion d'un développement assimilable, au niveau des peuples, à ce qu'est la *Bildung* au niveau des individus. C'est pourquoi, si la langue et le style parfois concordent, en particulier dans les grandes œuvres classiques, le texte qui ne s'appuie que sur sa poétique serait intraduisible, parce que ce qui ferait sa caractéristique principale (son style justement), serait trop particulier et lié, non pas à des concepts linguistiques, mais à des *effets de la langue*, ce qui ne permettrait pas le passage (la communication) d'une langue à l'autre. Abstraction faite des objets physiques, nul mot d'une langue ne possède un parfait équivalent dans une autre, chacune exprimant le concept représenté par le mot un peu différemment selon telle ou telle détermination, telle ou telle qualité particulière. Cette différence dépend de l'esprit de chacune des nations. Si l'on compare les traductions les meilleures et les plus fidèles d'un même texte, on constatera la diversité là où l'on s'attendrait à rencontrer l'uniformité. Cela s'explique du fait que *les traductions les plus fidèles sont nécessairement les plus déviantes*[1]. En effet, les mots référant à des concepts abstraits, il y a une difficulté intrinsèque à trouver un correspondant égal. Par conséquent, l'effort de littéralité ne peut jamais donner que des traductions dans lesquelles domine un sentiment d'*étrangeté* (*Fremdheit*) qui ne traduit pas l'œuvre (qui est vision du monde), mais ce qu'elle a d'inessentiel (le singulier, l'insolite, le bizarre). Il ne reste alors qu'à traduire l'esprit qui s'exprime à travers le texte. Or puisque la lettre est inessentielle à l'expression

---

[1] W. v. Humboldt, « Einleitung zur Agamemnon – Übersetzung » (1816) in *Das problem des Übersetzens*, hrsg. v. H. J. Störig, Stuttgart, 1963, p. 71-96. Pour ce passage spécifique, voir les pages 87-92.

de l'esprit, car il n'y a pas synonymie parfaite entre les langues, il est normal de trouver une diversité importante de formes dans les meilleures traductions d'un seul et même grand texte. Ce qu'ont toutefois en commun ces grandes traductions, c'est qu'elles conservent la différence substantielle entre les langues, différence d'esprit, et que la langue d'accueil perçoit comme particulier, comme *étranger* (*Fremd*). Pour dire les choses clairement, une bonne traduction allemande de l'*Agamemnon* d'Eschyle ne sera pas celle qui contraindra le lecteur à recourir à des dictionnaires pour suivre le texte, ou encore qui le déroutera en conservant le style ou la forme de l'original, mais celle qui permettra à l'esprit grec de féconder l'esprit allemand, par l'augmentation de l'importance et de la *capacité expressive* de cette langue.

§ 88. À l'analyse des pensées maîtresses de la préface de Humboldt, par ailleurs assez brève, on conclut que la question du style n'a plus sa place en traduction. La rhétorique devient un élément de sens non communicant. En effet, Humboldt souligne que la signification des mots qui ne dépendent pas directement des sens, ou encore qui ne désignent pas uniquement un objet physique, ne peut trouver de correspondant exact dans une autre langue. C'est pourquoi une poésie est intraduisible si l'on s'arrête à sa nature particulière. Pour saisir l'essence universelle qu'elle exprime, il faut faire éclater les chaînes qui contraignent sa forme. Toute cette conception se rattache à l'idée de la langue qui exprime le *Volksgeist* et sur la conception anthropologique qui la fonde. Pour Humboldt, la langue exprime l'esprit. Tel est l'objet du traduire. Or, une conception esthétisante ou poétique de la traduction considère plutôt que *c'est moins la langue que son usage par l'artiste qui exprime l'esprit d'une langue donnée*. Le texte littéraire exprime fondamentalement *un usage de la langue*, usage qui est porteur de sens et que la traduction doit transmettre.

Lorsque le traducteur est amené à procéder à des *choix* de traduction, il recoupe un peu le travail de l'auteur qui a dû lui-même procéder à des *choix*. Pour un auteur, ce sont la rhétorique et le style qui l'aident à effectuer ces choix. Hermès peut bien porter le message, c'est Apollon qui en module les harmonies. Malgré son désir de reconnaissance, le messager doit céder le pas à l'artiste ; s'il refuse, son message devient obscur, incompréhensible, sourd et finalement « étranger » : en un mot le message se fait *hermétisme*, dernier degré du complexe d'Hermès.

§ 89.   Quand un auteur choisit cette expression ou une autre, ce choix suit probablement les arcanes d'une motivation rhétorique, poétique, dans la mesure où il est libre face au texte qu'il crée[1]. Cependant, pour le traducteur qui, en quelque sorte, est lié par le sens du texte, la synonymie n'a pas *a priori* de signification rhétorique. Concrètement, un auteur peut choisir un mot pour des motivations esthétiques – motivations qui contribuent au sens global de son œuvre – tandis que le traducteur choisira un équivalent pour des raisons qui peuvent ou non se rapporter à des motivations esthétiques (la crainte du barbarisme en est un exemple), ou bien qui ont des motivations esthétiques contraires à celle de l'auteur, selon la lecture particulière qu'il fait du texte. Dans sa préface, Humboldt établit que l'intention de la traduction est toujours communicatrice, si bien que le choix de la synonymie s'étiole entre la traduction qui communique l'étrangeté (*Fremdheit*) de l'original, ou celle qui communique ce que l'original a d'étranger (*Fremd*). Or, l'un des problèmes de la traduction repose justement dans le fait que l'intention de l'original peut être rhétorique ; une traduction peut, en effet, être fondée non pas *sur une intention communicatrice*, mais *sur un projet poétique*, comme le

---

[1]   Le style d'un texte représenterait ainsi l'expression de la liberté de l'auteur devant le texte qu'il crée.

montre d'ailleurs la question de la synonymie[1]. Sans prétendre que l'introduction écrite par Humboldt ait eu une influence universelle, elle marque néanmoins une rupture avec les conceptions passées, que ce soit avec les « Belles infidèles », où l'élément esthétisant est exacerbé au point de se substituer au sens de l'original, ou encore avec la conception du premier romantisme allemand pour qui, on l'a vu plus haut, la subjectivité de l'auteur est intrinsèquement liée au sens du texte. Sous cet angle, Humboldt marque bien une étape dans la conception de la traduction, laquelle atteste de l'abandon de la rhétorique pour ne considérer que l'intention communicante objective du texte qui ouvre la porte aux interprétations herméneutiques. Avec Humboldt, Hermès est au plus près de triompher d'Apollon. Le message n'est plus oraculaire et son interprétation est débarrassée de toutes les équivoques delphiques qui font l'essentiel des arrêts prophétiques et des illuminations du texte poétique. La traduction se concentre sur le message, elle l'examine linguistiquement, elle le rend désormais froidement et si elle se heurte à d'insurmontables difficultés stylistiques, elle n'évoque pas Apollon, dieu des arts, mais Hermès, dieu de la langue, à qui elle demande, comme Benjamin, une langue idéale. Au lieu de voir que le texte littéraire, que la langue poétique, fait de nous des étrangers dans notre propre langue, tout le sens du message est remis à Hermès lequel, protecteur des voyageurs, veut nous convaincre que l'étranger, c'est l'autre, et qu'il n'y a pas de barbarie – au sens étymologique du mot – au fond de notre cœur.

---

1 Vu formellement, l'intention rhétorique du texte correspond au problème logique de l'intention propositionnelle des énoncés, c'est-à-dire toute la question du *dire* et du *vouloir dire* du texte. Quand toute l'attention est dévolue à la communication, on ne considère que le dit de l'énoncé et Hermès s'impose sur Apollon. Une approche esthétisante du texte – donc poétique – met au cœur de la question le problème du *vouloir dire* du texte, elle veut assurer à Apollon la place qu'Hermès lui conteste.

§ 90. Devant le texte poétique, nous éprouvons tous une sensation étrange de désarroi, voire de surprise. Ce ne sont pas les mots – qui parfois peuvent être communs – mais plutôt l'*usage* qui en est fait dans la langue du poète qui provoque souvent l'émotion poétique. L'importance de cet usage pour la langue poétique explique, du moins en partie, le rôle accordé aux règles par la poétique classique et leur disparition dans la poétique moderne, où la subjectivité de l'artiste fait règle d'usage[1]. Devant une poésie, nous nous retrouvons dans la position du lecteur qui lit un texte en langue étrangère et que surprennent à la fois les mots et les formes syntaxiques. Le texte poétique fait de nous des étrangers dans notre propre langue et cet exil au sein de ce que nous avons de plus intime – la langue – forme une grande partie du plaisir esthétique que l'on y prend[2]. Ainsi, pour la poésie, la langue est-elle l'expression d'un exil. L'usage de la langue par le poète est empli d'exotismes, d'esthétismes, de formes rhétoriques qui nous font sentir comme étranger à la forme poétique et c'est ce sentiment étrange, exotique et sensible qui distille le sens poétique du texte et de l'émoi ressenti à sa lecture. À présent, si l'on vous demandait d'expliquer la poésie si plaisamment ressentie, quel serait le résultat ? Ou bien vous vous contenteriez de la lire à haute voix (de même que l'explication des textes sacrés est le fait de les *ex-plicare*, c'est-à-dire de les déplier, donc de les lire à

---

[1] Tant que l'usage poétique suit des règles, la communication est possible car il y a des éléments objectifs auxquels rattacher la compréhension : Apollon est le dieu des arts, mais aussi de la théorie, de la contemplation normée ; lorsque l'usage poétique ne suit plus qu'une règle subjective – l'absolue intériorité de l'artiste –, la communication s'arrête et, au lieu d'un poème, il n'y a plus qu'un énoncé hermétique : Hermès impose alors son message.

[2] En ce sens, plusieurs détestent la poésie comme ils détestent se retrouver dans un pays lointain aux us et coutumes à mille lieues des leurs, sans repère ni point d'appui.

haute voix), ou bien d'en donner le sens en utilisant d'autres mots, en expliquant leur lien et comment l'articulation de l'ensemble donne une couleur particulière au message. Votre explication, au sens fort du terme, serait en elle-même une « traduction », car traduire ce n'est pas que faire passer *un sens*, mais aussi un *usage* d'une langue à une autre. À cet égard, la traduction est d'abord *un acte de lecture*, qui est le lieu originel de l'immédiateté du sens du texte et de l'usage linguistique. Par conséquent, l'apprentissage de la traduction passe par celui de la lecture, clé de voûte de la maîtrise de sa propre langue. Le bon traducteur est un bon lecteur, car tout bon traducteur sait qu'un rayon de bibliothèque est à l'esprit, ce qu'un rayon de soleil est pour l'œil[1]. Le texte poétique illustre que la poésie ne réside pas dans la lettre ou dans l'esprit, mais dans l'usage linguistique qui unit la lettre et l'esprit, usage particulier qui nous déroute souvent et nous laisse comme dépaysés devant le texte poétique, comme en exode dans notre propre langue. La volonté de confiner la traduction aux questions de la lettre et de l'esprit, cette opiniâtreté scolaire de ne réfléchir qu'en ces termes, est une autre manifestation du complexe d'Hermès et de cette détermination d'imposer le

---

[1] Rien d'autre sinon la lecture dans la langue maternelle ne prépare autant à la traduction, car elle permet de voir clairement comment le sens des mots et des structures grammaticales est lié à l'usage qu'en fait le texte littéraire, usage qui, en définitive, *est* l'élément de sens à traduire (ce qui mène au dépassement de la dichotomie lettre/esprit). Nulle part ailleurs sinon dans notre langue maternelle ne se manifeste aussi clairement toute la polysémie d'un texte. Comprendre la polysémie d'un texte dans notre langue maternelle – c'est-à-dire en donner une explication complète – est le premier exercice de traduction. Si l'on ne peut faire cet exercice dans sa langue, comment prétendre l'accomplir dans une autre ? La polysémie du texte illustre comment Hermès ne peut se passer d'Apollon et combien un message n'est jamais aussi simple qu'il n'y paraît.

message, lettre et esprit, au détriment de l'usage poétique qui en est fait par Apollon. Hermès communique. Apollon rend des oracles dont l'interprétation ne dépend ni de l'esprit ni de la lettre, mais de la mise en scène des deux par le langage poétique[1].

§ 91. Dans sa préface à l'*Agamemnon*, Humboldt considérait finalement que les différences entre les langues avaient une valeur positive pour la traduction et qu'elles devaient subsister dans la version afin que le lecteur ressentît l'« étrangeté » du texte traduit. Il procédait ainsi à l'élimination, *au profit de la linguistique*, de tout ce que les penseurs du premier romantisme allemand accordaient de subjectif à l'art du traduire. Il inscrivait la traduction parmi les sciences du langage en la bannissant, sans doute malgré lui, des temples apolliniens de l'esthétique[2].

§ 92. Cependant, de même que l'on a remis en cause la possibilité d'une traduction de l'étranger, de même peut-on se demander si la traduction de la rhétorique du texte – c'est-à-dire de la perspective esthétique qui met en scène les éléments du langage – est chose réalisable. On connaît en regard la réponse de Benedetto Croce. Pour lui, les qualités expressives d'une langue ne peuvent survivre au passage d'une langue à l'autre. L'idéal de Humboldt d'une

---

[1] Meschonnic exprime une idée semblable en disant que ce n'est pas l'hébreu qui a fait la Bible, mais la Bible qui a fait l'hébreu. Voir *Un coup de Bible dans la philosophie, op. cit.*, p. 148.

[2] L'éminence de cette opinion dans l'histoire n'est pas à remettre en cause. On la retrouve à peu près dans les mêmes termes chez Rosenzweig (voir « Die Schrift und Luther » in M. Buber u. F. Rosenzweig, *Die Schrift und ihre Verdeutschung*, Schocken, Berlin, 1926), ou encore chez Blanchot dont le *Dernier homme* exprime tout ce sentiment d'étrangeté. Elle représente enfin tout le fond de commerce de l'œuvre d'Antoine Berman.

« *Bildung* linguistique » est ici mis à mal. Croce donne l'image du liquide qui est transvidé d'un vase à un autre : il peut advenir que le contenu soit le même (en admettant que l'on n'en renverse pas ici et là, ce qui survient trop souvent !), mais la forme du vase, elle, est irrémédiablement différente. Nul ne peut nier, cependant, que la forme du vase original, tout autant que son contenu, participait au sens de l'objet. D'où, pour Croce, l'impossibilité des traductions, parce qu'il ne croyait pas qu'il fût possible de recréer la forme du contenant, forme irrémédiablement perdue dans le passage linguistique d'une langue à une autre. L'argument de Croce pour nier cette possibilité de passage repose sur le fait que le texte littéraire appartient au monde de l'esthétique – non de la linguistique – et qu'il n'y a « dans le fait esthétique que des mots propres ; et une intuition déterminée ne peut jamais s'exprimer que d'une seule manière, justement parce qu'elle est intuition, et non pas concept[1] ». Les faits démontrent pourtant que la traduction est une activité possible et, dans certains cas, profitable. Les raisons de son scepticisme reposaient en ce que Croce considérait que le sens du langage se trouvait *dans* le langage comme un contenu dans un contenant ; le contenu est *essentiellement* le même, mais sa forme est modifiée par le contenant. Il est toutefois incontestable que la relation du *contenu* du langage avec le langage est tout autre, et que le langage, dans ses formes rhétoriques, stylistiques, grammaticales, fait lui-même partie du *contenu du langage*, dans la mesure où le sens du langage ne manifeste pas que des intuitions ou des essences, *mais exprime aussi le langage lui-même*, d'où la nécessité, dans le travail du traducteur, d'une prise en compte de l'intention esthétique du texte littéraire que la rhétorique et le style représentent

---

[1]   Benedetto Croce, *Estetica come scienza dell'espressione e linguistica generale*, Laterza, Bari, 1928, p. 81. La traduction est de l'auteur.

d'emblée[1]. Il est certain que si l'on oppose, comme Croce, le contenu et la forme du langage, en attribuant au premier toute la signifiance, si bien qu'il en arrive à représenter la forme entière du langage, la traduction devient une activité impossible tant au point de vue littéral (car la reproduction de la lettre ne garantit en rien le passage du sens) qu'au point de vue esthétique, puisque le signe et son organisation disparaissent au profit d'autres signes et d'un autre agencement[2].

§ 93.   Le texte littéraire à traduire est semblable à une partition de musique. Dans une partition, il y a certes des notes, mais aussi des indications de *tempi* et d'expressions qui informent l'exécutant de la façon d'interpréter ces notes. En eux-mêmes, les signes de *tempi* et d'expressions ne sont pas de la musique, ils ne sont pas le message lui-même puisque l'on ne peut les jouer. Cependant, ce sont eux qui mettent en forme le langage musical et l'élèvent du bruit à la musique. L'interprète est celui qui sait déchiffrer les notes, les signes de *tempi* et d'expression pour *recréer* l'œuvre musicale à partir de sa lecture de la partition. L'interprète n'est pas l'instrument de la partition, mais ce par quoi la musique devient possible. Toute la formation musicale d'un interprète

---

[1]   On remarquera ici que cette intention, contrairement à la notion bermanienne de « visée » dont on a parlé plus haut (§ 34), a l'avantage d'être, quant à elle, parfaitement documentée par la forme rhétorique et stylistique du texte à traduire, dont les différentes figures de style offrent le plus éloquent exemple.

[2]   Croce va très loin en ce sens. Il limite la traduction à une activité d'un pragmatisme déconcertant où un mot/concept dans la langue de départ doit correspondre à un autre mot/concept dans la langue d'arrivée, puisqu'il nie toute possibilité de traduction de la poésie ou encore du contenu esthétique de la prose. Voir *La poesia. Introduzione alla critica e storia della poesia e della letteratura*, Laterza, Bari, 1936, p. 100-106.

vise un seul but : jouer *la partition, qui est le véritable
instrument en musique*[1]. Le mauvais exécutant, lui,
est joué par la partition ; il ne joue pas de la musique, c'est la musique qui se joue de lui, parce que
chez lui c'est l'élément objectif de la partition qui
domine : les notes[2]. L'interprète de qualité est celui
qui ne se limite pas au message, mais qui va outre
en utilisant toutes les possibilités que lui offrent
les *tempi* et les signes d'expression pour donner au
son toute sa valeur esthétique. Il y a quelque chose
d'indissociable en musique entre les *règles* de l'écriture musicale et le *résultat* qu'est l'œuvre jouée. La
rhétorique et le style expriment, pour le texte littéraire, la même chose que toutes les indications de
tempi et d'expressions pour la partition musicale.
Rhétorique et style sont des indications de sens qui
donnent une cohésion au lexique et à la syntaxe. Le
traducteur qui, face au texte à traduire, est comme
l'interprète devant une partition, doit tenir compte
du sens rhétorique et stylistique du texte qu'il
entend traduire. Tant dans la traduction qui tranche
pour la lettre que dans celle qui décide pour l'esprit
semble dominer l'opinion que la traduction doit être
la *mimesis* de l'original, concept qui varie selon que
l'on considère l'esprit ou la lettre comme objet de
cette *mimesis*. Le but ne devrait cependant pas être
de « copier » l'original, ni même de le reproduire,
mais plutôt de tenter de le *recréer* en considérant –
comme en musique – que *tout texte littéraire est, à la fois,
la règle et le résultat de sa formation*. Il en est la règle à
cause de la langue qui l'encadre ; il en est le résultat
en vertu de l'usage qu'il fait de la langue. C'est pourquoi on peut dire que le langage exprime le langage

---

[1] Hector Berlioz exprime très clairement cette idée lorsqu'il
   dit, dans ses *Soirées de l'orchestre* (vingt-cinquième soirée), que
   le chef d'un groupe de musiciens, joue « de l'orchestre ».

[2] La plupart du temps parce que son attention est attirée
   par des questions de technique musicale, à cause d'une
   mauvaise maîtrise de l'instrument.

lui-même. Cela étant, de même que l'interprétation d'une sonate ne vise pas seulement la reproduction de notes, de même la traduction d'un texte n'a pas pour seul but le passage d'un sens objectif, mais surtout de permettre que l'expérience subjective du texte de départ (que coordonnent la rhétorique et le style) devienne intelligible dans la langue d'arrivée. Cela n'est possible que si Hermès et Apollon travaillent *in concerto*, mais l'on tient trop pour Hermès et ses attributs.

§ 94.   Si l'on n'envisage la traduction que sous les auspices d'Hermès, on se trouve face à un texte dans lequel le message et sa transmission sont tout ce qui compte. Hermès ne doit choisir que les attributs qui lui serviront à livrer le message. Ainsi, s'il met son *petassos*, ce chapeau à large bord qui avait le pouvoir de rendre invisible celui qui le portait, sa traduction exprimera *l'invisibilité du traducteur*, s'effaçant complètement devant l'auteur et *la lettre* de son message ; s'il tient bien fermement son *caducée*, cette baguette qui pouvait résoudre les conflits et avait comme propriété de changer en or ce qu'elle touchait, la traduction se fait transformante, métaphore, symbole, voire allégorie de l'original : le texte qui s'efface devant le messager qui en rapporte *l'esprit*. Quand, enfin, Hermès chausse ses *sandales ailées* qui rappellent qu'il est le preste messager des dieux et le portent « sur l'élément liquide ou sur la terre immense, aussi vite que les souffles du vent[1] », la traduction devient cette activité sèchement pragmatique où tout ce qui compte est son activité de communication rapide du message. La traduction de l'étranger, l'éthique de la traduction, les « Belles infidèles », l'exercice administratif de la traduction, voilà autant de visages sous lesquels se dissimule Hermès qui voyage vite et sans bruit. Il ne peut transmettre son message autrement qu'en se limitant à la linguistique, car il

---

[1]   Homère, *Odyssée*, V, 54.

lui manque un attribut par lequel il pourrait s'inscrire en esthétique : la *lyre*... mais il en a fait don à Apollon dans sa quête de reconnaissance pour devenir, à part entière, un dieu de l'Olympe.

§ 95. La façon pour Hermès d'atteindre Apollon serait d'inscrire son activité messagère en esthétique ; ainsi ne lui faut-il ni casque, ni caducée ni sandales ailées, mais bien une lyre ; il lui est nécessaire d'enchâsser son message au sein d'un projet de poétique qui prenne en compte la rhétorique et le style. Il y pourra parvenir en reconnaissant que le sens du texte n'est pas que linguistique, mais aussi esthétique, comme en témoigne du reste *l'usage de la langue* qui est celui du texte littéraire. *Stricto sensu*, la traduction est une science interprétative. Or, dans la mesure où toute interprétation suggère une *appréciation* de la chose à interpréter, il n'est pas exagéré de *situer l'interprétation en esthétique*. Cependant, si l'on ne voit dans le message que son aspect épistémologique, entendons ici la façon d'interpréter le message en lui-même et non par rapport à l'interprète, tout ce que l'on peut développer c'est une méthodologie[1]. Quand on pose la question de l'interprétation en considérant d'abord l'interprète, celui qui doit mettre en forme le message, on développe aussitôt une poétique. En outre, le texte littéraire à traduire, en lui-même, peut donner libre cours à des interprétations variées, ce qui s'illustre très bien par le fait qu'un texte, prenons le *Faust* de Goethe, peut connaître plusieurs traductions. Il est possible d'en faire une traduction

---

[1] Malgré toutes leurs bonnes intentions théoriques, la traduction de l'étranger ou encore l'éthique de la traduction représentent des approches du « comment traduire » le texte de départ et, comme on l'a dit plus haut, ne rendent pas compte de la discipline dans son ensemble, se limitant au mieux à des prescriptions méthodologiques, au pire à des développements d'un hermétisme métaphysique déconcertant.

magnifiée comme de Nerval ou une autre classicisante, respectueuse des règles de la versification, comme celle de Jean Malaplate, selon ce que l'on tient essentiel dans le texte de Goethe, et ce que l'on est comme traducteur. Dans ces voies, *interprétation* et *introspection* vont de pair. Un texte original peut connaître maintes traductions. Il peut y avoir plusieurs hypothèses d'interprétation sur le texte, ce qui rend compte de la multiplicité des traductions. Toutefois, cette fécondité ne serait pas envisageable *si le texte était fixe*, c'est-à-dire si sa conception ne permettait pas une multiplicité d'interprétations. C'est nécessairement parce que cohabitent dans le texte à traduire de nombreux sens possibles, que ce texte peut connaître de multiples traductions[1]. Il faut alors conclure qu'*il n'y a pas qu'un seul original* donnant naissance à plusieurs traductions, car l'original est lui-même une hypothèse de sens[2]. *Il y a de facto autant d'originaux qu'il peut y avoir de traductions possibles*. Partant, le texte littéraire n'est pas clos, mais, au contraire, « ouvert », et cette ouverture peut être la marque de ce qui le distingue du texte pragmatique. Le lecteur, ou encore le traducteur, qui se trouve face au texte littéraire n'en reçoit pas passivement le message, ce qui serait le cas si le sens de l'original était clôt, mais doit effectuer un certain

---

[1] L'orchestration dès sa création des sens possibles du texte exprime l'intention poétique qui anime le texte littéraire. Cette intention poétique, qui organise la polysémie du texte, fait elle-même partie du sens global du texte et doit être rendue dans la traduction. Elle doit l'être, non par des mots ou par un esprit, mais par une orchestration similaire dans la langue d'arrivée. Autrement dit, la traduction *doit conserver la polysémie de l'original* – qui dépend de sa poétique – et, ce faisant, elle pourra être considérée comme « fidèle » à l'original.

[2] Par la rhétorique et le style, c'est-à-dire l'usage que l'auteur fait de la langue dans le texte littéraire. Nous pourrions définir la rhétorique comme ce qui met en scène la polysémie du texte littéraire.

travail d'interprétation, voire d'invention qui le place au rang d'auteur[1]. Étant admis que ce qui organise la polysémie du texte original est l'*usage* qui est fait de la langue par l'auteur, le traducteur, qui rend compte de cette polysémie, se doit d'organiser la traduction autour de catégories semblables, c'est-à-dire de faire un usage de la langue qui puisse permettre le passage polysémique. Un tel usage participe des notions de rhétorique et de style et s'enchâsse dans la visée esthétique du texte à traduire. Cette inscription de la traduction en esthétique remet un instant au passeur et messager qu'est Hermès, la lyre du dieu des arts. Une traduction n'exprime pas l'original, mais est plutôt l'expression de la connaissance critique et esthétique du lecteur/traducteur. Umberto Eco développe d'ailleurs à travers son œuvre, cette idée du lecteur modale qui répond aux normes prévues par l'auteur, lecteur qui possède les compétences nécessaires pour saisir les intentions de l'auteur et, surtout, interpréter les « sous-entendus » du texte original. Ces compétences ne se développent pas à partir d'une étude méthodologique ou simplement pragmatique de la traduction, mais par une pratique constante des œuvres littéraires, d'abord dans sa langue maternelle, puis dans la langue d'où l'on veut traduire. À cet égard, une théorie de la traduction serait une théorie de la lecture poétique du texte littéraire. Avant d'être l'art de la communication, *la traduction est un art de lire* et s'il y a un style de l'auteur, il doit y avoir aussi *un style du lecteur*. Du reste, l'histoire de la littérature devrait porter son attention sur le rôle des lecteurs selon les époques. On pourrait même imaginer une histoire de la littérature qui ne serait pas celle des œuvres ou des auteurs, mais exclusivement celle des lecteurs. La littérature ne serait plus alors l'étude de la lettre (*littera*), mais celle *de la conscience*

---

[1]   Cette notion fondamentale voulant que le lecteur soit aussi le créateur du texte littéraire fut d'ailleurs développée par Umberto Eco dans *Lector in fabula*, Bompiani, Milan, 1979.

face à la lettre : cette nouvelle histoire littéraire serait aussi celle de la traduction qui se construit justement à partir de la conscience du traducteur qui rencontre la lettre de l'auteur.

§ 96.   Pour son malheur, la traduction ne semble pas pouvoir sortir du dilemme entre l'esprit et la lettre, si bien que Steiner pouvait soutenir que depuis Cicéron et Quintilien, les idées sur la traduction ont toujours été les mêmes[1]. Cela est probablement causé par le fait que l'on ne considère le texte, comme le dirait Meschonnic, que comme un *énoncé* et non comme une *énonciation*[2]. Si la raison humaine était infaillible, il n'y aurait nul besoin de rhétorique ou de style. Mais « l'homme ne se nourrit pas que de pain[3] », si bien que la logique objective ne peut répondre aux exigences multiples du savoir humain. En effet, dans le discours, tout ne peut se résoudre à la *démonstration* qui est le fait naturel de la logique. Le langage logique ne se traduit pas parce qu'il ne s'interprète pas[4]. Il démontre des prémisses vraies. Dans la construction du message logique, il n'y a aucune considération poétique ; l'organisation du message, l'usage que l'on y fait du langage, est normée et ne repose en rien sur la volonté arbitraire de l'auteur. Son sens est fermé, déterminé inexorablement par les prémisses dont il tire sa valeur. Toutefois, la vie quotidienne est remplie d'incertitudes, de faux-semblants et d'opinions contradictoires et il semble que la raison, pourtant si ferme en bien des points, défaille sur ce qui nous touche au plus près. Un sanglot, un jour perdu, une voix oubliée, la finitude de l'homme, tout cela nous touche davantage qu'un théorème et ce sanglot, ce jour

---

[1]   Dans *Après Babel*, Albin Michel, Paris, 1978.

[2]   Meschonnic, *Un coup de Bible dans la philosophie, op. cit.*, p. 168.

[3]   Lc, 4, 4.

[4]   Les mathématiques peuvent nous servir ici d'exemple.

et cette voix représentent de pressants enjeux pour l'esprit et le cœur d'un individu. Dans ces domaines, il ne saurait y avoir de prémisses vraies. Tout ce que l'on peut en dire, et les écrivains nous ont habitué à ce qu'il y a en cela de plus sublime, ne s'appuie jamais que sur des prémisses *probables* ou seulement *vraisemblables*. Mais combien ces prémisses n'ont-elles pas eu pour nous plus d'importance que la troisième loi de la thermodynamique ou que le principe du tiers exclu ! C'est parce que nous passons l'essentiel de notre existence dans la vraisemblance plutôt que dans la vérité qu'*il y a une exigence rhétorique – et donc poétique – à la vie et à la littérature*. C'est même pour cela que la traduction est indispensable. Le rôle de la rhétorique, en effet, est de venir à la rescousse de la raison quand elle ne peut trouver de prémisses vraies. Voulant comprendre le monde – et souvent l'exprimer dans le langage – la raison doit découvrir un fondement à son discours et elle le trouve dans la rhétorique, dont la forme syllogistique de l'*enthymème*[1] représente, par exemple, le point d'où il faut partir lorsqu'il n'existe que des prémisses vraisemblables. Si l'on dit que c'est le matin, car le soleil se lève, on fait un enthymème, car on omet la prémisse majeure du raisonnement (le soleil se lève toujours le matin), prémisse qui est souvent considérée vraie par expérience ou probabilité, sans être cependant fondée logiquement ou dans les faits[2]. Nombre de nos discours sur le monde, sont des enthymèmes : ils se fondent sur des prémisses probables ou seulement *vraisemblables*[3]. Cette forme rhétorique du raisonnement est essentielle à la vie de l'esprit et même à la sérénité de l'âme ; elle organise nos

---

[1] Voir Aristote, *Premières Analytiques*, 70a 10. Voir aussi Pierre d'Espagne, *Summulæ logicales*, 5.04.

[2] On pensera ici aux objections de Hume.

[3] Saint Augustin souligne que plusieurs de nos connaissances, pourtant fondamentales pour nous, ne se fondent que sur la foi que l'on a en leur vérité, donc d'un point de vue logique que sur la vraisemblance de leurs prémisses

croyances et coordonne bien des éléments de notre vie en société.

§ 97. L'art de la conversation illustre combien la place de la rhétorique dans le discours et sa contribution à l'équilibre des valeurs sociales est fondamentale, comme l'illustre la France des XVIIe et XVIIIe siècles. L'abbé de Morellet écrivait à ce propos : « La conversation est la grande école de l'esprit [...] Le mouvement de la conversation donne à l'esprit plus d'activité, à la mémoire plus de fermeté, au jugement plus de pénétration[1] ». Tous ces résultats ne sont pas le fait de syllogisme à trois termes, mais *du jeu social de la rhétorique dans le discours*. Ailleurs, il n'était pas jusqu'à Swift qui voulût donner des recommandations afin que l'art de la conversation soit davantage qu'une simple idée, lui qui ajoute un plaisir tout esthétique à l'existence humaine, laquelle a souvent bien besoin de consolations[2]. Ainsi, Montaigne assurait à son époque : « Si je confère avec une âme forte et un raide jouteur, il me presse les flancs, ses imaginations élancent les miennes : la jalousie, la gloire, la contention me poussent et rehaussent au-dessus de moi-même[3] ». Un peu plus haut, Montaigne insistait en outre *sur le plaisir esthétique du discours* qu'il tenait en si haute considération, qu'il en trouvait « l'usage plus doux qu'aucune autre action de notre vie ; et c'est la raison pourquoi, si j'étais forcé de choisir, je consentirais plutôt, ce crois-je, de perdre

---

(*Confessions*, VI, 5, 7 ; même idée in *De praedestinatione sanctorum*, 2, 5 sur le lien entre la foi et la pensée). Anselme de Cantorbéry et son « *credo ut intelligam* » montrait par ailleurs clairement que la foi est le point de départ de la recherche intellectuelle (*Prologion*, I ; même idée in *Cur Deus homo*, I, 2).

[1] *De la conversation*, Payot & Rivages, Paris, 1995, p. 32-33.

[2] Voir « Hints Towards an Essay on Conversation » (1710) in *The Battle of the Books, and Other Short Pieces*, Cassell, Londres et New York, 1886.

[3] *Essais*, Livre III, chap. VIII, in *Œuvres complètes*, Gallimard, coll. La Pléiade, Paris, 1967, p. 900.

la vue que l'ouïr ou le parler[1] ». On dirait qu'il y a, dans la modernité, comme un renversement de l'intérêt esthétique qui donne préséance à l'ouïe et à la parole, alors que l'Antiquité classique accordait plutôt l'avantage à la vue[2]. Ce renversement n'est peut-être pas étranger au rationalisme diffusé à partir du tout début du XVIIe siècle. Le plaisir de la parole est authentiquement esthétique et plaît parce que l'esprit y trouve le moyen d'exprimer son opinion. Celle-ci n'est pas la *doxa* grecque qui s'opposait à l'*épistémè*, mais une idée organisée qui porte les atours du langage et de la rhétorique. L'honnête homme exprime avant tout le *tour* de son esprit, cet « esprit de finesse » qui représente l'expression esthétique et rhétorique de l'intelligence. Le Moyen Âge, lui, n'a pas développé cet art de la conversation, parce qu'il était trop absorbé par les problèmes logiques du discours. D'ailleurs, l'art oratoire médiéval par excellence était la *disputatio* et non la *conversatio*[3].

---

[1]   *Ibid.*

[2]   Aristote, *Métaphysique*, 980a 24. Ce renversement explique peut-être le fait que la traduction n'est pas considérée, dans l'Antiquité, comme un art de l'écriture. Trop attachée à l'idéal du modèle, dont la reproduction (*mimésis*) parfaite élève l'activité pratique au rang de l'art, l'Antiquité ne pouvait voir dans le travail nécessairement imparfait du traducteur, qui reproduit imparfaitement l'original, l'expression d'un art quelconque. Dans une société où dominent le discours et la parole – donc la recréation subjective de l'idéal – la traduction, qui est une recréation subjective d'un original compris comme idéal, ne peut manquer d'être tenue pour un art, et des plus subtils, puisque les imperfections peuvent être tenues comme de l'originalité et la marque d'un style.

[3]   Sur la conversation, on consultera l'ouvrage remarquable de Benedetta Craveri, *La civiltà della conversazione*, Adelphi, Milan, 2001 (traduction française en 2002 chez Gallimard sous le titre *L'âge de la conversation*). Aussi le livre de Stephen Miller, *Conversation. A History of a Declining Art*, Yale UP, New Haven et Londres, 2006 (pour un portrait de la conversation dans le monde anglo-saxon).

§ 98.   Il existe ainsi *une nécessité rhétorique dans le langage*, car tout message doit trouver un fondement aux raisonnements qui ne s'érigent pas sur des prémisses vraies. Les prémisses probables ou seulement vraisemblables constituent l'essentiel de notre vie intellectuelle, sociale, spirituelle. Cette nécessité rhétorique dans le langage, qui sert généralement à la communication d'énoncés pragmatiques, devient souvent un outil dans les mains de l'écrivain, *un élément fondamental du sens de son texte*, si bien que *la rhétorique s'y fait poétique*. Comme il s'agit d'un élément fondamental de sens, il devrait normalement faire partie de la traduction de ce texte. Le message rhétorique, contrairement au message logique, est essentiellement interprétatif. Il ouvre la porte à plusieurs hypothèses d'interprétation. C'est un message ouvert dont l'ouverture même permet l'orchestration rhétorique d'un message qui rend possible la traduction. D'où il faut conclure que *la poétique d'un texte est l'indice de la possibilité de le traduire*[1].

§ 99.   Les approches littéralistes ou spiritualistes de la traduction ont tendance à traiter le texte comme une démonstration ou encore comme un ensemble logique, un énoncé, dont les prémisses vraies donnent un résultat qui est *le sens du texte*. Ainsi : « Henri de Navarre, le bon roi Henri, venait donc du sud ». Cette proposition n'a pas pour seul sens la somme de ses éléments. Comment s'assurer que l'auteur n'exprime pas, plutôt qu'un *fait*, un *état d'esprit*, c'est-à-dire sa *croyance* en un fait, celle qu'Henri de Navarre était bon ? Cette croyance ne fait-elle pas aussi partie du sens du texte ? Si le texte n'est considéré que comme une démonstration, un énoncé, l'état d'esprit possible du texte est éliminé,

---

[1]   Plus un texte est objectif, moins il est traduisible ; plus il est subjectif, plus on peut le traduire. Le bulletin météo représente le point zéro de la traduction tandis qu'un poème en exprime le pinacle.

car aucun signe (mot) ne le dénote. Pourtant, il faut admettre que s'il y a un tel *état d'esprit*, c'est lui qui a présidé à l'organisation du texte et qui lui a donné son sens. Par conséquent, *approcher le texte littéralement* revient à éliminer, *a priori*, cet état d'esprit, et à considérer le texte à traduire comme étant exclusivement une démonstration *composée de prémisses vraies* (les mots). D'autre part, s'en tenir à l'esprit du texte ne signifie pas accorder de l'attention à l'*état d'esprit* qui a organisé le texte, mais au sens global de la proposition considérée, *in totum*, comme une prémisse vraie. Tant dans le cas de la traduction littérale que dans celui de la traduction par l'esprit, on ne parvient pas à l'intention organisatrice du texte (croyance, état d'esprit, intention esthétique, etc.) qui, s'exprimant par la rhétorique et le style, compose la poétique du texte.

§ 100. Qu'il faille toujours tenir compte de l'intention rhétorique du texte littéraire en traduction peut s'illustrer d'une autre façon. Reprenons notre exemple : « Henri de Navarre, le bon roi Henri, venait donc du sud ». Si l'on considère ce texte comme une démonstration (ou, dit autrement, comme une proposition composée de prémisses vraies), on se heurte à un intéressant problème logique. Comment établir le lien de l'idée moyenne (le bon roi Henri) avec les extrêmes de la proposition (Henri de Navarre ; venait donc du sud) ? Il est impossible de déduire logiquement l'affirmation « le bon roi Henri » de celle qui la précède ou de celle qui la suit[1]. Aucune des prémisses n'est certaine, aucune ne peut se démontrer. Par conséquent, le lien entre les trois affirmations de la proposition *ne repose pas sur une concaténation logique*. Nous ne sommes pas devant une démonstration. Le sens de cette proposition *ne peut que s'inférer*, c'est-à-dire que l'on admet qu'elle a un sens en vertu de la liaison des trois idées entre elles. Or cette

---

[1] Ce problème est aussi celui des syllogismes.

liaison, comme nous venons de le montrer, n'est pas
logique au sens strict. Nous dirons donc qu'elle est
rhétorique, qu'elle s'appuie sur une intention de sens
qui s'exprime formellement par un usage particulier
de la langue, ce qui définit adéquatement la poétique
du texte littéraire[1].

§ 101. Le problème de l'usage de la langue par l'auteur
est, on le voit, tout à fait pressant et mérite un bref
éclaircissement. Dans ses études sur la nature de la
pensée, Hobbes avait montré que penser c'est calcu-
ler[2]. On le sait, tout calcul est basé sur l'utilisation
de signes. Ainsi, l'art de penser se confond avec celui
d'utiliser correctement certains signes. Puisque dans
les langues naturelles les mots (signes) sont institués
par convention, la question qui se pose naturellement – et qui met en question la possibilité même
de traduire – est de déterminer, puisque la liaison
est conventionnelle, comment elle est susceptible de
vérité. Autrement dit, si la relation entre le concept et
le signe est arbitraire, *où donc se trouve le sens exprimé
par le signe*? Puisque de ce qui est arbitraire ne peut
s'élever aucune connaissance vraie, il convient donc
d'analyser la fonction signifiante, non à partir des
termes eux-mêmes (*res* et *verba*), mais plutôt de leur
relation. On constate alors que ce qu'il y a d'arbitraire dans le rapport des mots aux choses disparaît,
parce que le langage établit une liaison fonctionnelle

---

[1] Quand cette intention de sens s'infère du rapport des propositions entre elles, elle est *rhétorique*, mais cette intention
de sens peut s'inférer d'éléments indépendants des propositions (l'idée héritée des historiens qu'Henri de Navarre
était un bon roi), si bien que l'intention est alors *culturelle*.
On voit donc tout le problème que peut représenter la
traduction de propositions dont les formes rhétoriques
diffèrent des nôtres et qui sont inspirées par une culture
étrangère.

[2] Hobbes, *De corpore*, I, chap. I, art. 2, § 55 : « *Propositio com-
ponitur ex subjecto et predicato, omnes igitur propositiones sunt
computationes* ».

constante entre le signifiant et le signifié – liaison fonctionnelle constante que l'on nomme *usage*. Il faut alors conclure que la possibilité de traduire entre les langues naturelles vient de la constance de ces rapports, si bien qu'il y va, en traduction, non pas des mots, mais de leur usage. La poétique littéraire est cet art de moduler ou de remettre en cause la constance de ces rapports. Contrairement à la poétique classique qui s'intéressait aux questions formelles liées aux *genres* littéraires, la poétique littéraire moderne porte son attention plutôt sur l'*usage* de la langue, véritable instrument de création littéraire. On pourrait presque dire – et cela se voit avec le surréalisme – *que la langue (son usage) devient genre littéraire*. Quand lors cet usage se plie à une utilisation esthétique, *a fortiori* le traducteur doit prendre en compte cet usage esthétisant qui, indéniablement, est un élément constitutif du sens du texte littéraire[1]. Encore faut-il qu'il ne sacrifie pas tout à Hermès, qu'il ne soit pas tout entier sous le pouvoir du dieu messager.

§ 102. Dans le monde antique, Hermès et Apollon étaient des dieux loquaces, dans la mesure où, pour eux, la parole représentait un attribut fondamental. On pouvait imaginer Héra muette, reléguée au foyer par son époux porte-égide ; de même, Hadès aurait pu être incapable de proférer un mot du fond des Enfers, cela n'aurait pas changé la mythologie d'un

---

[1] En complément, on verra le texte de Leibniz, *Sur la connexion des choses et des mots*, dans *Œuvres philosophiques latines et françaises*, Amsterdam et Leipzig, 1765, p. 505-512. Traduction française in *Discours de métaphysique et autres textes*, GF Flammarion, n° 1028, Paris, 2001, p. 103-108. Leibniz est d'ailleurs le penseur qui réhabilite l'inférence dans la logique des propositions (discipline dont on ne peut faire fi en traduction.). Voir également les *Nouveaux essais sur l'entendement humain*, IV, XVII, GF Flammarion, n° 92, Paris, 1966, p. 422-424.

setier. Le fracas des armes d'Arès, les gémissements amoureux d'Aphrodite, le crépitement industrieux des forges pour Héphaïstos, cela constituait un suffisant langage pour ces Olympiens. Déméter pouvait se contenter du vent qui faisait chanter les épis d'or, et qu'eût donc besoin du langage Dionysos, lui qu'accompagnait de son char Pan le satyre, les dissonances des aulos et le hourvari des tambourins? Poséidon avait le bruissement des vagues, Athéna, déesse de la paix et de la sagesse, cultivait quant à elle ce silence méditatif qui vaut plus que mille paroles. Zeus possédait le choc de l'éclair. Asclépios, le dernier venu, le dieu médecin, donnait ses ordonnances silencieuses en rêves[1]. Cependant, quoi que l'on fît, on ne pouvait imaginer Hermès et Apollon sans l'usage de la parole ; le langage était essentiel au premier pour son travail de messager, indispensable au second pour ses prophéties, si bien que *l'un et l'autre étaient des dieux langagiers*[2]. Quelque chose les séparait toutefois. Si chacun s'adressait aux hommes, *l'usage* qu'ils faisaient de la parole différait radicalement. Le *message* d'Hermès s'opposait à *l'oracle* d'Apollon.

§ **103.** Hermès devait rapporter les choses de la façon la plus objective possible, sans qu'intervînt la volonté du messager. Ainsi lorsqu'il s'adressa à la nymphe Calypso[3] pour l'avertir du désir de Zeus de relâcher Ulysse, ou quand il annonça à Priam que son fils, Hector, bien que mort depuis douze aurores, n'était point encore touché de corruption[4]. Son rôle de

---

[1] On peut imaginer tous ces dieux sans la parole, mais non *sans le rire*, comme en témoigne admirablement l'épisode d'Aphrodite prisonnière avec Arès du filet d'Héphaïstos (*Odyssée*, VIII, v. 266-301 et 304-333).

[2] Pour Platon, Hermès est du reste l'inventeur du langage. Voir le *Cratyle*, 406e.

[3] *Odyssée*, V, 100-112.

[4] *Iliade*, XXIV, 419.

médiateur s'appuyait sur son objectivité (Hermès était l'inventeur des poids et mesures), aussi est-ce lui qui aidait les jeunes épouses à franchir l'*oikos*, le seuil du domicile paternel pour traverser celui de l'époux, passage difficile qui permettait *l'intégration de l'étranger*[1]. Son rôle de passeur qui conduisait les âmes des défunts dans l'Hadès supposait une maîtrise des voies qui menaient à bon port et un mépris des chemins qui ne vont nulle part. Là où il intervenait, le message n'était point équivoque[2]. Le message d'Hermès était sans intention rhétorique, il devait être pris à la lettre. C'est aussi pourquoi Hermès fut le dieu des carrefours et que l'on retrouvait son image sculptée dans la pierre, borne indiquant les chemins et dont le respect était sacré[3]. C'est aussi cette littéralité du message d'Hermès qui en fait le dieu des menteurs. Le mensonge n'est pas le contraire de la vérité (qui est l'erreur), mais un jeu où le menteur exploite certaines lacunes structurelles (épistémologiques, biographiques, culturelles, etc.) de la personne à qui il s'adresse. Le propos mensonger est littéralement vrai en regard de l'auditeur, tant et si bien qu'il n'y voit que du feu. L'erreur n'est pas dans le mensonge, mais chez celui qui a des lacunes, qu'il ne devrait pas avoir. Ainsi Clytemnestre, dans les *Choéphores* d'Eschyle, ne ment-elle pas à Oreste, elle lui dit au contraire la stricte vérité, mais *du point de vue* d'Oreste. Elle est en cela soutenue par Hermès[4]. Que le mensonge n'ait aucune intention rhétorique se voit également du fait qu'il n'est pas une figure de style, comme quoi son domaine est – et demeure –

1   Pausanias, *Périégèse*, I, XXII, 8 et Aristophane, *Ploutos*, 1153.
2   Apollodore, *Epitomés*, I, 7, 2.
3   Nous penserons ici à la castration des Hermès par Alcibiade. Voir l'épisode rapporté par Thucydide, *Histoire de la guerre du Péloponnèse*, XXVIII.
4   *Choéphores*, I, 726-728.

la littéralité. Maître de toutes les formes d'échanges, l'*Hymne à Hestia*[1] appelait Hermès un « ange », car il assurait la médiation du monde d'en haut et du monde d'en bas. Sa mobilité ne dépendait que du discours – chez Homère les paroles n'étaient-elles pas ailées, comme Hermès ? – et tous ceux qui faisaient office de hérauts dépendaient d'Hermès, recevant et relayant les pensées d'autrui. Le rapport du signe et du sens prend toute la place. Comprendre le message d'Hermès, c'est comprendre ce rapport. L'usage de la langue, limité à l'interprétation du sens et du signe, est pragmatique : il se borne à l'herméneutique[2].

§ 104. Apollon, quant à lui, s'exprimait par oracles. Or l'oracle n'était pas un message, car le dieu n'envoyait rien à ceux qui l'interrogeaient[3] ; au contraire, dans l'oracle, c'est l'individu qui devait aller à la

---

[1] I, v. 8.

[2] La limitation du langage à l'herméneutique – et à l'usage pragmatique du langage – était déjà annoncée chez Platon. Dans le *Cratyle*, Socrate illustre bien que tous les sens du nom « Hermès » se rapportent « au pouvoir du langage qui trame la parole, et donc à l'art de l'interprète que le Politique appellera précisément *herméneutique* ». Voir Jean-François Mattéi, *Platon et le miroir du mythe*, PUF, Paris, 1996, p. 157. Pour Platon : *Cratyle*, 407e et *Politique*, 260d. La langue d'Hermès promeut un usage de la langue qui se limite à la sémiotique du signe confinant la traduction à une entreprise d'herméneutique du sens, au détriment d'un usage poétique du langage. L'œuvre d'Henri Meschonnic représente un exemple de dénonciation de la langue d'Hermès : « L'herméneutique appliquée à la traduction ne transporte qu'un cadavre » (*Un coup de Bible dans la philosophie, op. cit.*, p. 177). Or, Hermès est aussi le passeur des ombres, on l'appelle d'ailleurs Hermès *Psychopompe* afin de marquer ce rôle particulier.

[3] Message vient étymologiquement de *mittere*, c'est-à-dire « envoyer ».

rencontre du dieu. Le rapport était inversé[1]. Quand Hermès s'adressait à tous, Apollon, lui, interdisait aux femmes de consulter directement ses oracles[2]. On devait se montrer digne du dieu pour recevoir ses propos et tous n'étaient point admis dans l'ἄδυτον[3], la chapelle oraculaire, afin de poser à haute voix sa question. À Dodone, la réponse s'exprimait à partir de cailloux tirés au sort, comme pour remettre en question le lien traditionnel entre le signe et le sens. En fait, la compréhension des oracles d'Apollon n'était possible que par l'*enthousiasme*, en ayant *le dieu en soi*[4], et non en raisonnant sur chaque mot. C'est cette présence qui assurait la vérité et donnait le sens à la parole oraculaire. La parole d'Apollon était indissociable de celle des Muses, car ce sont elles qui, en définitive, l'inspiraient puisqu'elles savaient « ce qui est, ce qui sera, ce qui fut[5] ». La littéralité n'était donc pas le fait des oracles d'Apollon. Leurs formes versifiées, les jeux de mots qui leur sont propres, jusqu'à la matière sur laquelle on les inscrivait, le bronze, le marbre, tout cela témoignait du caractère métaphorique des oracles, de la prédominance de l'esthétique protégée par les Muses, où prévalait une certaine orchestration du message qui formait une rhétorique oraculaire. Qu'il fallût un effort de compréhension pour en percer le sens, cela s'expliquait par leur interprétation laissée aux chresmologues et aux sibylles. Ne citons qu'un oracle célèbre pris chez Hérodote et s'adressant à Crésus. « Quand un mulet sera roi des Mèdes, alors, Lydiens aux pieds délicats, fuis le

---

[1] En cela, il est originellement esthétique. Pour qu'il y ait « art », il faut qu'un spectateur aille à la rencontre d'une œuvre.

[2] Comme c'était le cas à Delphes.

[3] L'*adyton* est d'ailleurs, littéralement, « l'endroit où l'on ne va pas ».

[4] Tel est le sens exact du mot.

[5] Hésiode, *Théogonie*, v. 38 et Homère, *Iliade*, I, 70.

long de l'Hermos caillouteux, ne reste pas en place et n'aie pas honte d'être lâche[1] ». L'organisation du message, tant dans la lettre que dans l'esprit, assurait à Crésus un règne éternel. Toutefois, si l'on examine le message *dans sa construction rhétorique*, sa signification est tout autre. Si Crésus eût considéré que l'on nommait *jument* les princesses mèdes et *âne* un Perse de condition modeste – conditions auxquelles répondait alors Cyrus – il aurait dû se préoccuper. Le langage de l'oracle, cet exemple l'illustre, a une signification par-delà le jeu du signe et du sens. Son énoncé communique davantage que ce que les mots utilisés signifient d'après les conventions du langage. L'information communiquée par l'oracle d'Apollon était implicite. C'est ce caractère implicite du sens – qui est le sens véritable de l'oracle – qui construit et forme la parole oraculaire. L'usage qui est fait du langage est, on le voit, un élément constitutif du sens du langage ; une expression du complexe d'Hermès est de ne pas le reconnaître, ou de ne considérer le langage que comme un simple média au service de l'information.

§ **105.** Hermès et Apollon, on l'a vu, représentaient des dieux langagiers. Leur mode de communiquer était différent. Tout ce qui se rapportait au premier exprimait une lutte pour sa pleine reconnaissance comme Olympien, une joute pour être davantage que ce servile messager, soumis à l'auteur et à son message[2]. C'est pourquoi il jouait de ruse et, pour gagner son autonomie, utilisait au maximum ses attributs ; aussi savait-il devenir tantôt invisible (grâce à son casque), tantôt transformer son message (par son caducée), de sorte que l'auteur fût presque méconnaissable. Parfois, il ne pouvait rien sinon que de transmettre le message, tel quel, littéralement, sans fourberie, car

---

1 Hérodote, *Histoires*, I, 55-56.
2 Voir Lucien, *Dialogues des Dieux*, 24, où Hermès se plaint ouvertement à sa mère, Maïa, de son triste rôle.

Zeus l'y contraignait, ce à quoi il s'employait avec
célérité en chaussant ses sandales ailées. Le message
d'Hermès se voyait lié *aux qualités formelles du langage*. Le dieu des carrefours était ainsi prisonnier de
l'énoncé. Hermès voulait être libre, mais se retrouvait soumis à l'esprit et à la lettre du message. Quant
à Apollon, ses avis formaient des oracles. Il n'y
avait ici nul fétichisme de la lettre et ses énoncés ne
constituaient pas de longues chaînes de raisons dont
le sens eût été semblable à la démonstration d'un
syllogisme[1]. L'oracle ne répondait pas au modèle
langagier classique du « code ». Son interprétation
ne se confinait pas au *décodage* ou, si l'on préfère,
au recouvrement de la pensée associée à l'énoncé en
vertu des règles traditionnelles du langage[2]. L'oracle
n'est pas un énoncé à décoder, mais une énonciation
douée de sens propre. Si la *réception* de l'oracle commande une analyse à partir des conventions du langage[3], sa *compréhension*, elle, déborde la signification
linguistique de cet énoncé et fait appel à un contexte
qui éclaire directement la signification de l'oracle.
La rhétorique ou, plus largement, la poétique du
texte littéraire, participe de ce contexte qui met
en jeu la compréhension et permet d'en inférer le
sens. Dans le style oraculaire, l'intention de communiquer, le *comment* de la communication, possède
une importance aussi grande pour le sens de l'oracle
que le *quoi* de la communication. Sur la question
du « comment » de la communication, on ne peut
s'adresser qu'à un maître en la matière, Søren

---

[1]   Sur les « longues chaînes de raisons », voir le développement de Descartes, *Discours de la méthode*, seconde partie,
GF Flammarion, n° 109, Paris, 1992, p. 40.

[2]   On consultera ici le texte de Sperber et Wilson, « Précis of
Relevance: Communication and Cognition » in *Behavioral
and Brain Sciences*, 10, Cambridge UP, Cambridge, 1987, p.
697-699.

[3]   C'est-à-dire ce que signifie l'énoncé d'un point de vue
pragmatique.

Kierkegaard. Le philosophe danois fait remarquer que la communication de vérités objectives ne pose aucun problème. Dans l'ordre des vérités objectives, le sujet prend acte d'un fait rapporté dans les formes convenues et le communique directement. Le problème de savoir *qui* communique n'est pas important. Pour la vérité subjective, la question du sujet est cependant fondamentale, car la vérité subjective est telle pour un sujet concret, elle est vérité *pour lui*. La façon de la communiquer représente alors un enjeu fondamental d'où, chez Kierkegaard, l'emploi des pseudonymes et des formes indirectes de communication, comme l'ironie, l'humour, etc.[1] L'organisation du discours est donc prise en charge par des formes rhétoriques où, si l'on préfère, c'est la subjectivité de celui qui communique qui met en forme le discours et qui, en dernière instance, le crée et en assure la cohésion. C'est donc cette subjectivité que l'on doit retrouver pour interpréter correctement son message, sans se laisser distraire par la *forme extérieure* du message. L'opposition d'Hermès et d'Apollon est ici assez nette. Hermès est lié à la communication objective pour laquelle la question du *qui* communique est sans importance, ce qui explique son complexe et sa lutte aheurtée pour la reconnaissance. Apollon, lui, appartient au monde de la communication indirecte, à l'univers des vérités intérieures qu'organisent la subjectivité, la rhétorique et le style. Au point de vue littéraire, son domaine est la poétique et il fait de la communication un art. Pour la traduction, le dilemme entre Hermès et Apollon est le suivant : *ou bien* cantonner la traduction à la linguistique (Hermès), *ou bien* l'inscrire dans une esthétique de la communication (Apollon).

---

[1] Cela pose au traducteur de Kierkegaard un beau problème : doit-il moduler stylistiquement sa traduction selon le pseudonyme à travers lequel Kierkegaard s'exprime ou non?

§ **106.** La primauté de l'inférence vient du fait que l'on tire une proposition véritable d'une autre qui a déjà été avancée comme telle, *en supposant un certain lien* à partir des idées moyennes. Cependant, ce lien n'a pas à être fondé en raison, il peut n'être que supposé ou, mieux encore, impliqué par les propositions qui la précèdent. C'est cette implication, où les propositions sont traitées comme des touts signifiants, qui permet les figures rhétoriques et l'usage esthétisant du langage. Nos échanges quotidiens, dans la communication, sont régis par des règles qui ne sont pas toutes langagières. Il ne s'agit pas ici de ce que l'on a appelé le « langage non verbal », mais plutôt de tout ce qu'implique la communication en terme de sous-entendus. Ainsi, quand Baltasar Gracián écrit : « Lorsque l'on ne peut enfiler la peau du lion, on revêt celle du loup », le sens de cette maxime n'est pas dans la lettre du message, mais dans le *sous-entendu imaginaire* qui se trouve derrière l'image du lion (qui représente la *force*) et de celle du loup (qui incarne la *méchanceté*). La figure rhétorique employée (la métaphore) n'a de sens que par le commun partage de ce sous-entendu imaginaire entre celui qui s'exprime et celui qui accueille son message[1]. Grice, dans un texte bien connu[2], explique que l'accueil du sous-entendu se fonde sur un *principe de coopération*, principe qui montre que, dans une situation de communication, il est possible à un auditeur d'inférer le contenu implicite des propositions, car nos échanges sont régis par des règles et des normes universelles qui

---

[1] L'une des difficultés de traduction des textes culturellement très éloignés vient justement qu'il manque, dans la culture de réception, ce partage de sous-entendus indispensables à la communication. Il suffit de prendre les comédies de Térence pour voir qu'elles n'ont plus pour nous de caractère comique (ou si peu...), justement à cause de cette perte de sous-entendus.

[2] Paul Grice, « Logique et conversation » in *Communication*, 30, 1979, p. 57-72.

s'imposent à tout locuteur raisonnable[1]. En outre, ce sous-entendu commande l'existence d'un contexte ou d'une culture de référence commune aux interlocuteurs, d'une représentation de l'autre, des rôles de chacun des interlocuteurs, etc. Partant, si traduire se rapporte au sens des propositions et que le traducteur se propose, dans son travail, de procéder à leur transfert linguistique, il doit considérer *que le sens des propositions est souvent dû à l'inférence*, que son sens ne dépend pas seulement de la lettre ou bien encore de l'esprit, entendu comme la somme de la lettre. Il doit dépasser le *verbum de verbo* et le *ad sententiam*, car le texte à traduire exprime aussi le langage lui-même, comme on le voit par l'usage littéraire de la rhétorique. Ce que sait Apollon, c'est que l'unité de sens du langage n'est pas le mot, *mais le langage lui-même*. Il en tire une liberté que jalouse Hermès.

§ 107. L'ironie, comme figure rhétorique, exprime efficacement cette idée. Dans l'ironie, le message signifie toute autre chose que l'esprit et que la lettre. Quand Swift dans sa *Modeste proposition* suggère aux Irlandais de dévorer les enfants pour soulager leur famine et permettre ainsi « la réintégration de quelque mille pièces de bœuf qui viendraient grossir nos exportations de viande salée et celle, sur le marché, de la viande de porc et le perfectionnement de l'art de faire du bon bacon[2] », il exprime bien davantage que n'en dit le texte. En effet, *l'ambiguïté* du texte ironique constitue le sens même de ce texte – et celui de toutes les propositions ironiques. Dans cette perspective particulière, l'ironie introduit

---

[1] Ce « principe de communication » est une antique primeur. Déjà Platon l'évoquait en illustrant la différence qui marque les discours entre les hommes grossiers et les honnêtes gens (*Protagoras*, 347c-348a).

[2] Jonathan Swift, *Modest Proposal*. La traduction est de l'auteur.

et entretient le doute. *Elle ne saurait donc se traduire comme simple inversion de sens.* Il n'y a chez elle rien d'évident et elle s'avance en catimini et, pour ainsi dire, masquée, car elle veut demeurer incompréhensible à la majorité. L'ironie est, en effet, une privauté de l'intelligence. *L'ironie organise le sens par-delà l'esprit et la lettre.* L'ironie est un genre d'exclusion, car le propos ironique choisit *a priori* celui à qui il s'adresse. Ce n'est pas un texte qui se livre à tous. En cela, de nouveau, il se distingue et, en quelque sorte, devient aristocrate. Il y a dans l'ironie celui *qui doit comprendre* et celui *qui doit être exclu de la compréhension*[1]. Voilà qui représente une suprême difficulté pour la traduction, car il peut advenir, ce qui arrive du reste trop souvent, que le traducteur fasse justement partie de ceux que l'auteur avait exclus du cercle des intimes[2]. Toute proposition ironique suppose au moins un élément contradictoire qui met en jeu la compréhension de la proposition elle-même. Elle suppose aussi le lecteur qui demeure exclu de la compréhension, et celui qui comprend l'incongruité de ce qui est exprimé, lequel représente le véritable destinataire du message. Il se crée dès alors une *sourde intimité* entre l'auteur et ce lecteur, une relation secrète qui fait fond sur un partage commun de valeurs qui incarne, *mutatis mutandis*, le sens véritable de la proposition. À présent, comment traduire une proposition ironique si l'on croit que la lettre est le sens du texte, ou que l'esprit exprime ce sens ? Si l'on reprend la proposition de Swift, tant d'un point de vue littéral que spirituel, on manque le sens du texte, car la véritable compréhension ne pourra jamais advenir que si vous êtes parmi ceux

---

[1]   On voit que l'on est ici à mille lieues de l'herméneutique, car l'ironie ne s'interprète pas, elle se comprend. La « clef » interprétative n'est pas dans le texte, mais dans celui que le texte a élu.

[2]   Quand on sait les récriminations que Nabokov avait envers ses traducteurs, on s'en convainc aisément.

des lecteurs que Swift avait en vue quand il écri-vit son texte[1]. Qu'un texte puisse se créer autour de concepts qui échappent à la linguistique[2] forme ici ce que l'on nomme *poétique*, les oracles d'Apollon le montrent bien. On pourrait d'ailleurs tenter d'illus-trer comment les oracles apolliniens représentaient une forme supérieure d'ironie. Il serait alors possible de mieux comprendre le lien de Socrate avec l'oracle de Delphes, car c'est la Pythie qui fut à l'origine de son activité philosophique. C'est sous l'angle de l'ironie que Socrate assurait entendre les paroles du dieu aux flèches rapides. Du reste, l'activité du traducteur peut, idéalement, être représentée par la volonté de Socrate de percer le sens de l'oracle d'Apollon devant la radicalité du sens, car le dieu « ne ment pas, cela ne lui est pas permis[3] ». La sen-tence de l'oracle devait avoir un sens par-delà l'esprit et la lettre, tel était la conviction de Socrate. C'est pourquoi le philosophe athénien était allé trouver tous ceux que l'opinion commune illustrait comme étant plus sages que lui. Il alla auprès des poètes, auprès des gens de métier, auprès des sophistes aussi, afin de mesurer la réponse de l'oracle. Il par-vint à la conclusion que l'oracle voulait dire que la sagesse humaine n'était pas grand-chose, ou même qu'elle n'était rien[4]. Le traducteur doit imi-ter Socrate et considérer chaque phrase comme un oracle, c'est-à-dire, comme Socrate avec la parole d'Apollon, la soumettre à l'épreuve d'un question-nement rigoureux pour mesurer son sens véritable. Le sens du texte, et l'ironie en témoigne, appartient

---

[1] Dit d'une façon analytique, si vous êtes, comme lecteur, plus enclin à voir un texte sous un angle inférentiel, plutôt que comme une somme de propositions lesquelles tombe-raient sous le couvert de la démonstration.

[2] Dans son jeu étroit de sens/signe, signifiant/signifié, etc.

[3] Platon, *Apologie*, 21b. Il y a ici une autre différence d'importance entre Hermès et Apollon.

[4] *Ibid.*, 23b.

tout autant à la linguistique qu'à une *théorie de la communication* dont le traducteur doit prendre acte ; ce n'est pas le fait d'Hermès, car, on l'a dit, c'est Apollon qui est « le dieu de la théorie ». Le sens d'un énoncé ne se borne pas au choix de certains mots plutôt que d'autres[1]. Au contraire, il se construit et est mis en jeu dans l'interaction du discours ou dans celle qui intervient entre l'auteur et le lecteur, dans la mesure où celui-ci reçoit le message de l'auteur et qu'il est responsable de l'évaluer, de le calibrer. L'interaction humaine est à la base du processus de communication, il est créateur de sens. Tout traducteur, dans sa relation au texte à traduire, met en jeu cette relation. C'est elle qui organise sa version ; c'est elle qui est véritablement signifiante et créatrice, incontestablement *poétique*.

§ 108. Du reste, que l'unité de sens du langage soit le langage lui-même, et qu'il y ait une organisation des propositions du discours qui relève de la rhétorique, du style ou, plus spécifiquement, d'une poétique du texte livré à la traduction, l'*art de la conversation* en témoigne avec éloquence. L'art de converser, qui naît véritablement au XVIᵉ siècle, représente le moyen de créer, au sein de la société, un espace de sérénité exempt de violence, où peut se faire jour le simple bonheur d'être en compagnie. La convivialité répond aux mêmes principes qui régissent la conversation. Voici que le mot est lancé : *principes*. La conversation crée *une poétique du langage*, elle est un art de la communication qui organise – par des principes – les mots, les propositions, les idées pour faire du langage quelque chose de plus qu'un outil

---

[1]   « Le langage travestit la pensée. À tel point que l'on ne saurait se fier à l'apparence du vêtement pour conclure quelque chose concernant la forme de la pensée, car un vêtement extérieur n'est justement pas fait pour permettre de reconnaître la forme du corps ». Ludwig Wittgenstein, *Tractatus logico-philosophicus*, coll. « Tel », n° 311, trad. par Gilles-Gaston Granger, Gallimard, Paris, 2001, 4.002.

de communication des idées. L'art de la conversation aménage la langue, elle en détourne l'usage
pragmatique pour la plier à sa fin qui est d'avoir un
innocent plaisir en société. Baldassar Castiglione
dans son *Livre du courtisan* nous révèle les arcanes de
ce ravissement social. La Renaissance voyait dans
la conversation un heureux moyen de détourner les
inclinaisons presque toujours violentes de l'homme
et de promouvoir une conciliation pacifique des
esprits. À travers le jeu des tentatives, des hypothèses, des conjectures enfin – jeu au sein duquel il
ne doit y avoir aucun perdant, ce qui le distingue du
dialogue antique dominé par la *dialectique* – l'objectif
est de parvenir à un accommodement qui illustre la
vie sociale. L'objet de la conversation n'est pas de
mettre des forces en présence, mais plutôt, comme
chez Montaigne quand il donne à son recueil le
beau titre d'*Essais*, de faire la pesée (*exagium*) des
choses qui nous entourent afin de mieux les évaluer. Dès lors, la conversation va se distinguer de la
démonstration par le fait qu'elle ne s'arroge jamais
cette prétention de savoir avec certitude, si bien que
chez elle tout est en demi-teinte, en clair-obscur,
en nuance. La qualité principale dans la conversation est, selon Castiglione, la *sprezzatura*, la désin-
volture, une manière de faire et de dire empreinte
de détachement, contraire en tout à l'affectation[1].
La *sprezzatura* est l'art de cacher l'art, l'habileté de
manifester la grâce, mais non l'effort qui l'a produit[2]. En d'autres termes, dans la conversation

---

[1] Baldassar Castiglione, *Il libro del cortigiano*, BUR classici,
   Rizzoli, Milan, 1987, I, 26.

[2] Le jeu de l'acteur est l'exemple parfait de cette désinvol-
   ture qu'est la *sprezzatura*. Le mauvais acteur est celui de
   qui l'on dit : « Il joue, cela est manifeste. Il récite, cela
   s'entend » ; *a contrario*, l'excellent acteur est celui qui per-
   sonnifie si bien son rôle que son jeu nous semble naturel,
   qu'importe que cela soit par la *froideur* que veut Diderot ou
   par la personnification chère à Stanislavski, les deux font
   preuve de *sprezzatura*.

idéale, la *sprezzatura* se veut une force qui organise
le langage, mais selon des critères et des normes qui
ne sont pas nécessairement ceux de la dialectique,
de la science, du discours logique, attendu que la
conversation est comprise comme *un jeu* dont le but
avoué est le plaisir d'être en société. Partant, l'unité
de sens de la conversation ne saurait être le mot,
puisque s'escrimer sur les mots et leurs sens est le
contraire de la conversation, mais plutôt *l'ensemble
du discours* en tant qu'il manifeste quelque chose
de supérieur qui est la *sprezzatura* ; de sorte que le
traducteur d'une conversation serait mal avisé de
s'en tenir aux mots – puisqu'ils ne transportent pas
le sens de la conversation – mais devrait tenter de
rendre dans sa version les qualités intrinsèques de la
conversation, celles qui manifestent la *sprezzatura*.
Centrée sur l'élément qui crée, constitue et organise le texte, sa traduction serait alors véritablement
« poétique ».

§ 109. *La préciosité* illustre heureusement cette mise en
forme poétique du langage par-delà l'esprit et la
lettre ; elle offre, en outre, de beaux problèmes aux
traducteurs. La nouvelle façon de sentir du monde
baroque, secoué par une crise de conscience héritée de la fin du XVIe siècle – et dont Montaigne,
pour évoquer de nouveau ses mânes, exprime toute
l'ampleur avec sa devise « Que sais-je ? » – com-
mandait un nouveau langage. Ce langage fut la préciosité, à mi-chemin entre le culte du néologisme
et la révérence envers les archaïsmes, attentive à
l'analyse des sentiments et des passions, se piquant
de néoplatonisme et, tout à la fois, d'une religiosité
d'expression touchant au jansénisme. La préciosité,
limitée à vrai dire à certains salons, en particulier
celui de Madame de Rambouillet, est un véritable jeu
de société au centre duquel on retrouve le langage.
Ce jeu linguistique est authentiquement poétique,
dans la mesure où il est créateur non seulement
de façons de dire, mais aussi d'œuvres littéraires

collectives[1], où le langage et son usage deviennent presque un personnage en soi. Si les auteurs ont leur mot à dire dans le cours de l'intrigue, c'est néanmoins la langue qui dirige le travail de création, qui sert de canevas poétique au récit. L'œuvre est collective par le commun partage d'un usage esthétisant du langage qui compose le texte littéraire précieux[2]. Inférence, collaboration, ironie, art du discours, préciosité, les illustrations d'une organisation poétique du langage dans l'histoire des Lettres et de l'esprit sont légions[3] ; la lutte d'Hermès et d'Apollon ne connaît point de trêve, elle ignore l'*agonie*.

§ 110. Il semble y avoir ainsi, dans tout travail où la langue entre en jeu, une participation importante de la mise en forme du langage ou, si l'on préfère, de *son usage esthétisant*, qui contribue au sens même du langage. Dans son *Essai sur la rhétorique, le langage et le style*, Thomas De Quincey liait avec beaucoup d'adresse les normes esthétiques et l'esprit des nations. De la sorte, ce que les Kirghizes pourraient trouver admirable serait sans doute considéré d'un

---

1   Songeons à la *Guirlande de Julie*.

2   L'usage de la langue comme élément porteur de sens peut se rapprocher, en musique, des pièces qui se rapportent au système tonique traditionnel, lequel organise la pièce musicale et lui confère un certain sens, ou bien de celles de la musique moderne qui s'élaborent autour du système dodécaphonique. Nous avons des notes, des unités de sens, qui tirent tout leur sens de l'organisation au sein d'un système tonal particulier. L'usage de la langue dans le texte littéraire joue un rôle tout à fait semblable. Il donne au mot une couleur qu'il n'a pas à l'origine.

3   Il serait instructif de montrer – mais nous irions outre notre propos – comment l'opéra représente une autre forme d'usage esthétisant du langage, d'un langage qui se veut musique et qui véhicule davantage l'émotion que le concept, et comment il est possible, de plus, de disposer les opéras selon le rôle que joue le langage dans le développement musical de l'œuvre symphonique.

kitch sans précédent en Italie[1]. Dans son analyse du style et de la rhétorique, l'auteur anglais opposait l'histoire à la culture des Grecs et des Hébreux, suggérant que les premiers furent dominés par la prose et la philosophie, les seconds par la poésie et la religion. Cette différence de vue a nécessairement eu une influence sur leur style réciproque et la façon particulière de concevoir la langue. Partant, le lien entre les règles de l'art et les avancées de la raison détermine les formes de la littérature, de l'expression, du style et, on l'imagine, *de la traduction elle-même*. L'intérêt du texte de De Quincey est d'établir l'historicité fondamentale de la poétique et de toute théorie du langage. Le caractère profondément évolutif des langues – que doit réfléchir la façon d'en parler et de les mettre en théories – détermine en définitive l'écriture et fait que toute entreprise littéraire est d'emblée quelque chose de vivant. Sous cet angle, la question du style – et plus largement celle de la rhétorique – n'est pas qu'une coquetterie dont un auteur veut enjoliver son texte. Au contraire, comme en toute chose vivante, chaque élément concourt à la préservation de l'ensemble comme totalité significative. Aussi le style possède deux fonctions bien distinctes en littérature : « d'abord, éclairer l'intelligibilité d'un sujet obscur pour l'entendement; deuxièmement, régénérer le pouvoir normal et la faculté d'impressionner un sujet dormant pour les sensibilités[2] ». Le style n'est pas inférieur à tous les services visant la découverte

[1] Le cinéma indien – qui fait vivre la plus importante industrie du septième art – produit de très nombreux films qui sont de véritables phénomènes sociaux en Inde. Un film indien représente un dosage de sentiment, d'amour, de méchanceté, de suspense, de chants, de danses, etc., phénomène que l'on nomme « *masala* », du nom d'un savant mélange d'épices.

[2] Thomas De Quincey, *Essais sur la rhétorique, le langage et le style*, trad. et préface d'Eric Dayre, José Corti, Paris, 2004, p. 94.

de la vérité. Il ne faut donc pas le considérer comme cette livrée sans importance de la pensée, puisqu'il existe des cas où le style est l'incarnation même des pensées, la construisant en quelque sorte et lui confère une « existence *tierce* et distincte[1] ». En aucun cas, le style n'est vu comme quelque chose qui peut se séparer des pensées qui le produisent. Pour tout traducteur, faire fi de la question de la rhétorique et du style reviendrait par conséquent à abdiquer en conscience un élément qui participe du sens fondamental du texte à traduire.

§ 111. On retrouve chez Jaccottet l'illustration de ce traducteur qui, dans son travail, considère la portée significative de la poétique de l'original. Bien que s'étant toujours défendu de traduire selon des préceptes théoriques[2], Jaccottet est à l'écoute de la voix propre de chaque auteur. Se défiant des traductions esthétisantes – comme celle que fit Valéry des *Bucoliques* – de même que de celles qui mettent l'étrangèreté en exergue – comme la traduction de l'*Enéide* par Klossowski – Jaccottet est plutôt à la recherche de cette singularité qui crée le poète, cette voix qui lui est particulière et qui, de façon plus prosaïque, définit l'*usage* particulier qu'il fait de la langue. En cela, Jaccottet est proche de Leopardi, qu'il a d'ailleurs traduit. Le poète de Recanati, féru de langues antiques, fut prodigue dans son *Zibaldone* de

---

[1] *Ibid.*, p. 96.

[2] « [...] je suis dans une ignorance totale des théories de la traduction (comme de celles, qui pis est, de la littérature) ; plus grave encore, que je n'ai jamais réfléchi aux problèmes qu'elle pose ; que j'ai donc toujours pratiqué cet art de façon à peu près uniquement instinctive, pour ne pas dire à la légère ». *Remerciement*, allocution prononcée par Philippe Jaccottet le 29 octobre 1988, à l'occasion de la remise du Prix Lémanique, publiée dans la brochure des travaux du Centre de traduction littéraire de Lausanne en 1990, p. 39.

réflexions sur la langue et de considérations sur la traduction. Ainsi écrit-il : « Voici en quoi consiste la perfection de la traduction : l'auteur traduit ne doit pas être, par exemple, grec en italien, grec en français ou en allemand, mais tel en italien ou en allemand qu'il l'est en grec ou en français. Mais ceci est difficile et il n'est pas possible de le faire dans toutes les langues[1] ». Il y a chez Jaccottet la même exigence de retrouver le rythme, le ton du texte original, le niveau de langue. En peu de mots de traduire l'inflexion première du texte, le canevas rhétorique qui organise l'original et sans quoi le sens de celui-ci ne peut être complet. Davantage qu'un modèle théorique, l'idée selon laquelle la poétique du texte participe de son sens trouve dans les traductions de Jaccottet des exemples circonstanciés et qui représentent, dans l'ensemble de l'œuvre de ce traducteur, d'indéniables succès littéraires qui supposent que l'on doit, en ces matières, accorder la préférence à Apollon sur Hermès.

§ 112. Si le travail de traduction se limitait aux services qu'exécute Hermès – tantôt passivement, tantôt en s'immisçant sournoisement dans le message – tout l'intérêt de cette discipline tiendrait à une communication passive de sens ou à une interprétation discutable des signes. Ce qui précède montre qu'il est difficile de limiter le travail de la traduction aux seuls critères linguistiques en faisant fi de la personnalité de l'auteur, du style et, d'une manière globale, de la rhétorique. Cela ne signifie cependant pas qu'il faille pour le traducteur s'abandonner à ce qu'il considère être les vertus esthétiques du texte. En effet, il lui faut se garder d'une approche « éthérée » du texte à traduire, approche au sein de laquelle le traducteur entendrait s'en remettre, par

---

[1] Giacomo Leopardi, *Tout est rien, Anthologie du Zibaldone di pensieri*, trad. par Eva Cantavenera et Bertrand Schefer, Allia, Paris, 1998, p. 133.

exemple, à la « visée » du texte voulue par l'auteur. Cette approche, du reste, ne dépasse guère la théorie classique de la communication pour laquelle le langage actualise le pouvoir des mots de refléter fidèlement nos pensées, reflet du *vouloir dire* de l'auteur. C'est au fond un acte de foi que de supposer que l'auteur veut toujours dire quelque chose ; rien n'apparaît moins certain, non seulement à la lecture de nos écrivains *emeritus*, mais aussi en regard de nombreuses productions poétiques. Ici également, si l'on suppose que le *vouloir dire* de l'auteur est bien établi, on devrait ensuite développer une théorie *non pas descriptive de l'acte du traduire, mais du vouloir dire lui-même*, c'est-à-dire des liens qui unissent pensée et langage, attendu que c'est lui qui doit jouer non seulement le rôle organisateur du texte original, mais aussi de la traduction[1]. Le style d'un texte est une façon de faire qui révèle une manière d'être[2]. Le style, en effet, incarne, au centre même de l'œuvre, la personnalité de l'artiste, sa vision particulière du monde, *son histoire*, sa culture, autant d'éléments qui participent au sens global du texte. Une approche littéraliste de la traduction possède le grand défaut de confondre le style de l'auteur avec la lettre du texte. Or le style n'est pas dans le signe, car il n'est pas la chose signifiée. En fait, le style met en ordre des mots, frappe des expressions, tourne des formules, crée des figures, des touches, des caractères qui

---

[1] Ce ne sont pas les mots ou les expressions, ni leur sens purement linguistique, qu'il faut rendre – comme le montre l'exemple de l'ironie – mais le vouloir dire de l'auteur et ceci avec toute la latitude que cela implique. Il faut aussi prendre garde de croire que ce vouloir dire de l'auteur s'identifie à ce que la phénoménologie a nommé l'*intentionnalité*, qui est ce pouvoir du langage de *porter sur* les choses, c'est-à-dire de les créer, de les exagérer, de les embellir, etc., pouvoir qui n'est pas organisateur du langage lui-même, mais dépend de lui et des objets dont il parle.

[2] On pourra lire, d'Umberto Eco, le court essai sur le style in *Sulla letteratura*, Bompiani, Milan, 2004, p. 172-190.

révèlent tout ce que le signe a de fondamentalement *humain*. Ainsi, par le style, les signes cessent-ils un peu d'être les éléments au service de cet outil qu'est le langage pour se mettre au service de l'esprit et de l'intelligence de l'auteur, esprit et intelligence qui deviennent, à vrai dire, le vrai sens du texte littéraire, l'objectif de ce qu'il faut traduire.

§ 113. Il ne s'agit pas pour le traducteur de négliger le signe, mais de comprendre qu'une approche fétichiste du signe laisse échapper l'essentiel du texte littéraire, en plus de buter à un problème théorique de première importance. Si le signe est tout ce qui importe en traduction – si Hermès prévaut définitivement sur Apollon – la traduction se limite à une activité d'interprétation du sens des mots et s'abîme insensiblement dans des questions de terminologie. Une approche littéraliste en traduction considère que l'auteur s'exprime à l'aide de mots (ceux-ci et pas ceux-là) et que ce signe, dans ce qu'il exprime, est fondamental. Or, tout signe dénote une idée qui, souvent, peut s'exprimer par des mots différents. « Bonheur » et « Joie » expriment le même état de conscience avec des mots, des signes, différents. Si à présent on voulait les départager, il faudrait définir ces mots avec rigueur. Pour ce faire, nous devrions employer des mots qui, eux-mêmes, nous renvoient à d'autres mots, ainsi de suite *ad infinitum*. D'où il faut conclure qu'une approche littéraliste en traduction est une manifestation littéraire de la mise en abyme. Bien davantage, la régression infinie qu'exige la littéralité – car la recherche de la lettre implique l'effort de la définir avec précision – ne peut être qu'une tâche rigoureusement impossible.

§ 114. Si le signe n'est pas l'élément objectif du travail du traducteur, quel serait alors le point ferme où s'appuyer ? Si l'on veut juger du sens d'un énoncé, nous n'avons d'autre choix que de voir s'il repose sur un fait. Ainsi, la proposition : « *Il mare è blu* » que l'on rendrait en disant : « La mer est bleue ». Il décrit un fait – et le langage sert justement à exprimer les faits – et ce fait n'est ni italien, ni français. Un fait n'appartient pas à la linguistique. Le sens de la proposition de départ est objectif en regard de la réalité, et non de la linguistique, et c'est la réalité qui dira si la traduction est juste, c'est-à-dire si la proposition française correspond à un certain fait. Toutefois, toutes les propositions, on l'a dit, ne sont pas factuelles. Plusieurs reposent sur des présomptions, des croyances, des sentiments, des impressions, etc. En ce cas, l'organisation de la proposition est fondamentale, d'où l'emploi de la rhétorique et du style pour soutenir la dénotation. Wittgenstein dans les *Remarques philosophiques* donne un exemple de cette organisation des propositions. Il soutient que la proposition « Je n'ai pas mal à l'estomac » est comparable à celle-ci : « Ces pommes ne coûtent rien[1] ». Les deux propositions, qui sont *littéralement* différentes, sont cependant *formellement* identiques : toutes deux expriment un point zéro. Le sens de ces propositions est d'exprimer une absence, un non-être, un néant de quelque chose, celui de l'argent ou de la douleur. La douleur, si elle est factuelle, comporte cependant une bonne dose de subjectivité ; tous ne sont pas sensibles à la douleur au même degré ; quant aux « pommes ne coûtent rien », elles peuvent en effet coûter bien peu, mais ce « rien » est laissé à l'appréciation de l'énonciateur. Cet exemple montre que, par-delà la différence des signes, on trouve une identité quant au fond et que, dans les propositions, le sens n'est pas qu'une question de signes, qu'un simple problème de mots. Une bonne traduction de ces énoncés serait celle qui se voudrait attentive à la structure formelle de la proposition. La traduction *verbum pro verbo* ne peut le faire à cause de son attachement au signe ; la traduction *ad sententiam*

---

[1] Wittgenstein, *Remarques philosophiques*, trad. par J. Fauve, Gallimard, Paris, 2004, p. 107.

n'y parvient pas non plus, car elle ne pourrait saisir l'unité de forme de deux propositions dont le sens des mots dénote des réalités différentes. On peut lire chez Valère-Maxime[1] une anecdote romaine : « Ce que Tarquin le Superbe entendait dire en coupant les pavots de son jardin, son fils le comprit, mais point le messager ». Le roi romain signifiait en abattant la tête des plus grands pavots qu'il fallait que son fils exécutât tous les chefs de Gabies, ce qui souligne combien le sens d'un message ne peut parfois reposer que sur son organisation formelle.

§ 115. L'aphorisme, « forme poétique de la définition[2] », par sa structure, invite à la rumination, à la lecture lente, à un second degré qui est l'évocation même d'un au-delà du signe[3]. L'aphorisme repose sur la connaissance critique que l'auteur a de son âme, de celle d'autrui, de son époque aussi, et qu'il parvient à résumer en une formule concise, souvent imagée vivement. Le style est ici le sens. Il n'y a donc pas à s'étonner que les surréalistes aient aimé cette forme littéraire, eux qui firent tous les efforts afin de repousser les limites du sens même des mots[4]. L'aphorisme se rapproche de l'énigme et de l'oracle : à maints égards Apollon le patronne. Ses caractéristiques formelles, quant au sens, furent d'ailleurs

---

[1] Valère-Maxime, *Faits et dits mémorables*, VIII, 4, 2.

[2] Milan Kundera, *L'art du roman*, Gallimard, Paris, 1986, p. 150.

[3] « [...] Un aphorisme, frappé et fondu avec probité, n'est pas encore *déchiffré* sitôt lu ; au contraire, c'est alors seulement que doit commencer son *interprétation* ». Nietzsche, *Généalogie de la morale*, trad. par Éric Blondel, Ole Hansen-Love et Théo Leydenbach, GF Flammarion, Paris, 1996, Avant-propos § 8, p. 33-34.

[4] Songeons au surréaliste belge Achille Chavée qui écrit : « [...] ce n'est pas de l'inconnu, mais du connu qu'il convient de se méfier » ; « Si vous avez besoin d'une paille, prenez-la sans le moindre scrupule dans l'œil de votre voisin ». *Décoctions*, Daily-Bul, La Louvière, 1964.

bien mises en évidence par Marcel Benabou et sa machine à fabriquer des aphorismes qui assemblait des structures syntaxiques prédéfinies, et qui permettait de créer une variété inédite d'aphorismes paradoxaux. En outre, l'intérêt de l'aphorisme est que son sens supporte mal la solitude. Il s'entoure volontiers de compères. Le recueil d'aphorismes a pour effet, en rassemblant des écrits paradoxaux, parfois contradictoires, souvent elliptiques, *de créer un sens dans l'ensemble,* d'instaurer un dialogue entre ces fragments. À cet égard, l'aphorisme donne une connotation particulière au recueil, puisque celui-ci participe, par la récollection des traits intellectuelles de l'auteur, au sens global de l'œuvre. Le sens d'un recueil d'aphorismes est « objectif » au sens étymologique du mot. Chaque pensée prend un sens par rapport à l'ensemble. L'organisation rhétorique y domine. Le traducteur d'aphorismes ne doit donc pas se laisser distraire par la lettre ou l'esprit du texte, mais, au contraire, considérer comment l'articulation globale du recueil concourt à la signification de ces pièces séparées comme *œuvre signifiante*[1].

§ 116. Tous ces débats, toutes ces questions parfois pressantes, situent idéalement le travail du traducteur et la réflexion sur cette activité parfois impossible qu'est la traduction, au cœur d'une joute empreinte de rivalité entre Hermès et Apollon. Nous arrivons au terme de ce parcours avec la même question qui habitait Hermès au départ. Dans son travail de passeur, il doit déterminer où se trouve le sens du message qu'il transporte. Sur quel critère établir ce sens ? Ce critère est-il l'esprit ou la lettre ? À qui donc doit-il être fidèle ? Hermès retrouve son angoisse, et les longs détours théoriques ne lui apparaissent plus

---

[1] Voir nos remarques à Lichtenberg, *Le miroir de l'âme*, José Corti, Paris, 1997, p. 93-94. Ce recueil s'articule autour d'une organisation rhétorique du fragment.

désormais qu'autant de leurres où il put mystifier
tout le monde, hormis lui-même et son angoisse.
Hermès croyait que les constructions théoriques
permettraient de justifier sa tâche et, de quelque
manière, le soulever du poids de sa propre responsabilité à l'égard du message, de lui donner dans
l'Olympe un statut qu'il n'avait jamais eu, qu'il avait
abdiqué lui-même en donnant la lyre au dieu des
arts, en devenant la dupe d'Apollon. Les tourbillons
qu'a engendrés Hermès entendaient le libérer de la
claustration du langage, justifiant ses égarements,
mais aussi ses limites. Qu'en est-il alors ? Hermès
a-t-il réussi dans son entreprise de déroutement
théorique ?

§ 117.　Une théorie sert à expliquer des faits. Pour parvenir
à une théorie, il faut se servir d'hypothèses. Dans
le domaine de la traduction cependant, le résultat
n'est pas un fait. La traduction achevée est toujours,
nous l'avons vu, une *hypothèse*[1]. Une traduction ne
peut jamais que servir d'hypothèse à un processus
sans fin de détermination du sens, par impossibilité
de parvenir à un fait. Ce paradoxe semble former le
nœud fondamental de la « traductologie ». Le complexe d'Hermès témoigne de cette vaine quête de
fondation. Il n'est possible de parvenir à une théorie
de la traduction que dans la mesure où le théoricien
décide de mettre fin à cette fuite d'hypothèses en
s'arrêtant à une version particulière. Le contenu de
sa théorie ne sera donc pas fondé sur le texte, mais

---

[1]　Voir *supra* § 42. Notre traduction de Lichtenberg n'est pas
définitive, elle n'est que le témoignage des conjectures du
traducteur sur le texte allemand. Le texte traduit n'est que
le résultat de nos délibérations sur le sens de l'original.
Il ne représente ainsi qu'une vision du sens du texte que
doivent compléter d'autres traductions par d'autres traducteurs et, chose la plus importante, par le lecteur lui-même
qui procède, de son côté, à un « décodage » du sens du
texte. Traduction et lecture sont indissociablement liées.

sur la volonté du théoricien de s'arrêter ici plutôt que
là, c'est-à-dire sur ce qu'il juge être *paradigmatique*
dans une traduction. Une théorie de la traduction
en dit moins sur la traduction elle-même, que sur le
traducteur et le théoricien : elle le met en évidence,
elle place Hermès devant le message qu'il doit livrer.
Toute traduction étant une conjecture sur le texte
traduit, et toute théorie devant être validée par des
faits, il s'ensuit qu'une théorie de la traduction est,
ou bien une systématisation d'hypothèses sur un
texte donné (ce qui lui enlève toute prétention de
scientificité et d'universalité[1]), ou bien, ne pouvant
se valider dans les faits parce que ne s'élevant que
sur des hypothèses, elle ne peut jamais être fondée
en raison. Serré au plus près par la logique, Hermès,
le dieu des menteurs, reste seul avec son écrasante
responsabilité.

§ 118.   De façon générale, une théorie nous place dans une
situation où nous pouvons comprendre un phénomène et le reproduire. Une théorie de la traduction
ne satisfait pas à ces critères généraux. En effet, si
j'ignore le chinois, aucune théorie de la traduction
ne me mettra en état de traduire à partir du chinois,
d'où l'idée qu'une théorie de la traduction se limite,
ou bien à la comparaison des versions, comparaison
qui n'a pas de valeur scientifique proprement dite[2],
ou bien à une réflexion sur la pratique et le transfert
linguistique, ce qui est une approche méthodologique. En fait, l'activité maîtresse qui nous permet
de comprendre une traduction n'est pas la traduction elle-même, mais *la lecture*. Une théorie de la
traduction apparaît indissociable d'une théorie de la
lecture.

---

[1]   Une théorie de la traduction doit valoir pour un texte, ce
qui n'implique pas qu'elle puisse être valide si on l'applique
à d'autres textes.

[2]   *Omnis comparatio claudicat.*

§ 119. Littérature et traduction vont de pair. Les œuvres de la peinture, de la musique, de la sculpture n'ont besoin d'aucun intermédiaire pour qu'on les goûte universellement. Les Belles-Lettres, toutefois, doivent avoir recours à un passeur pour atteindre à la même universalité. Entre l'auteur et le lecteur se glisse souvent une figure mitoyenne, le traducteur, qui est tout à la fois *lecteur* du texte original et *auteur* du texte traduit. Ce que nous donne toute traduction, fût-elle excellente, *n'est jamais que la lecture de l'original faite par le traducteur.* Cela n'est pas sans conséquence, car l'original et sa traduction sont qualitativement différents ; le premier naît de l'*écriture* – avec tout ce que la culture de l'écrit comporte de libertés – alors que la seconde vient de la *lecture* – avec tout ce que l'acte de lire présume de culture, de dispositions sentimentales, de mémoire, de réciprocité aussi. Comme le notait George Steiner, bien lire « c'est s'embarquer dans un échange total[1] ». Le traducteur qui, en regard de l'original, est un lecteur, participe de cet élan de réciprocité face au texte. Sa traduction est tout autant restitution d'un sens, qu'intervention personnelle sur ce sens. On peut alors avancer que l'œuvre d'un auteur est un monologue, un ensemble de réflexions et d'impulsions créatrices, qui viennent de l'écriture, tandis que l'*œuvre* du traducteur, elle, est le résultat d'un dialogue – entre l'auteur et le traducteur – fils de la lecture. À cet égard, l'*authenticité* dont une traduction pourrait se réclamer n'est jamais que de la fraude, dans la mesure où *la traduction opère ce changement qualitatif entre l'écriture et la lecture, entre le monologue et le dialogue.* Ce qu'a entre les mains le lecteur d'une traduction n'est jamais un original, ou un autrement de l'original ; ce qu'il tient entre les mains ce sont les *marginalia* d'un bon lecteur sur les pages de l'auteur, *une lecture de l'œuvre*, et non pas l'œuvre, un peu comme le Hölderlin de

---

1   George Steiner, *Passions impunies*, traduit par P.-E. Dauzat et L. Evrard, Gallimard, Paris, 1997, p. 18.

Heidegger a peu à voir avec le fou de Tübingen. Il y a ainsi un caractère central de la question de la lecture en traduction qui devrait transparaître dans l'histoire de cette discipline.

§ **120.** Il est intéressant de noter qu'entre saint Jérôme et Leonardo Bruni, il y a un silence théorique en traduction. Entre le *Liber de optimo genere interpretandi* et le *De interpretatione recta* courent un peu plus de mille ans. Les raisons de ce silence tiennent à une conception de la lecture dans le monde médiéval qui était différente de celle de l'Antiquité. La Renaissance manifeste le retour à une conception classique de la lecture, ce qui marque une reprise de l'activité théorique en traduction.

§ **121.** Cette longue période qu'est le Moyen Âge se caractérise, entre autres, par la perte de l'unité linguistique de l'Empire romain et la réduction du latin en un code au service de la liturgie et de l'enseignement théologique, de la diplomatie, de l'administration publique et des échanges commerciaux. Cette perte de l'unité linguistique a eu une influence en traduction. En effet, l'unité spirituelle et culturelle essentielle aux nations européennes transigea désormais par l'art figuratif religieux qui remplaça le texte, retrouvant ainsi, à travers l'art, une sorte d'unité linguistique. La mosaïque, la fresque, le vitrail, la mise en scène de l'architecture sacrée formaient en eux-mêmes un langage qui permettait la diffusion du message chrétien, la transmission de l'histoire et des valeurs religieuses du christianisme. On assiste à une suprématie de l'image sur le texte, de la transitivité de l'image sur l'intransitivité de la lecture. L'image est si forte, elle occupe tant d'espace, que la traduction, pourtant discipline maîtresse au Moyen Âge, devient *calque*, elle s'exprime dans le *verbum pro verbo*. Il y a ici bien peu à théoriser.

§ 122. On comprendra mieux dans ce cas que le regain d'intérêt pour la traduction soit apparu à une époque de renouveau de la lecture. Il semble d'ailleurs que ce renouveau compose l'un des sens profonds de ce que l'on appelle la Renaissance. Si l'origine religieuse du mot « renaissance » est aujourd'hui communément admise, à travers les Épîtres de Paul et l'Évangile de Jean[1], il faut imaginer que ce qui renaît premièrement dans la Renaissance, c'est d'abord l'homme, un homme nouveau régénéré par l'esprit, *un esprit formé par les textes*. Le retour aux auteurs de l'Antiquité – qui furent d'ailleurs présents à travers tout le Moyen Âge – témoigne moins d'une redécouverte de ces auteurs *que d'une façon nouvelle de les lire* : il s'agissait de les lire dans ce qu'ils étaient en eux-mêmes. Ce qui distingue les études antiques humanistes des études médiévales, c'est que les humanistes entendaient étudier les Anciens pour ce qu'ils étaient historiquement en eux-mêmes, sans le secours des interprétations religieuses ou des interdits doctrinaires de la foi[2].

§ 123. Ce vaste mouvement de « retour au principe originel », d'une recherche de l'origine « humaine » du monde, avec tout ce que ce retour peut devoir au néoplatonisme, est favorisé par une pratique de la lecture où l'érudition du lecteur est l'application *d'une technique* (connaissance du latin et du grec, connaissance circonstanciée de la civilisation antique, de la littérature classique, etc.) plutôt que celle *d'une doctrine*, ou d'une vision idéologique (chrétienne) du passé. L'humaniste est attentif à la réalité historique

---

[1]   Jn, 3, 3-8.

[2]   Quand l'humaniste Lorenzo Valla anime le débat autour du visage véritable de la doctrine d'Aristote, il faut voir un lien direct entre cette volonté de vérité historique et le développement d'une technique (la philologie et la traduction) servant à assurer et établir *objectivement* cette volonté historique.

des choses, dans la mesure où celle-ci est la garante d'une vérité éternelle qui a trouvé son expression la plus parfaite et harmonieuse dans l'Antiquité. Ainsi, tout travail philologique n'entend pas seulement assurer une méthode d'approche des textes anciens, mais établir concrètement des critères objectifs de la vérité historique. Sous cet angle, la traduction, qui est liée à la littérature, et dont le rôle est fondamental dans une civilisation où la transmission de la culture transige par le patrimoine écrit, assume une importance considérable dès le début du XVe siècle. Avec la philologie, la traduction devait participer à l'élaboration de cette vérité historique du monde antique que l'humanisme cherchait à établir. Il était donc normal, au tout début de la construction d'une philosophie humaniste, que l'on se penchât, comme le fit Leonardo Bruni, sur l'art de traduire correctement les textes anciens. Liée à la lecture docte du texte, la traduction devait délaisser le *verbum pro verbo* médiéval pour établir les principes techniques permettant le passage de la vérité du texte original.

§ 124. Dans la mesure où toute traduction est le résultat de la lecture d'un texte et qu'une traduction nous donne, non pas l'original, mais une lecture en elle-même subjective de l'original, il devient impératif d'établir avec sérieux les qualités qui doivent être celles du traducteur, les défauts qu'il doit éviter, les connaissances qu'il doit avoir afin que son intervention dans le sens de l'original – inévitable dans le transfert linguistique – ne se fasse pas au détriment de cet original. La Renaissance marque l'avènement d'une époque où ce que l'on veut communiquer n'est pas le résultat d'une organisation politique ou doctrinaire, mais celui d'un agencement « scientifique », qui s'articule autour des critères de la libre recherche, de la rigueur philologique et de la vérifiabilité des sources. Le texte, la lecture, la traduction sont au centre de ce mouvement.

§ 125. Or, un tel désir de redécouverte de l'origine pour ce qu'elle était « en soi » impliquait impérativement le développement de la philologie et d'une méthode essentielle à la conduite des traductions. Lorsque Leonardo Bruni écrit : « [...] l'excellent traducteur investira toute sa pensée, toute son âme, toute sa volonté dans l'œuvre du premier auteur, se transformant de quelque manière en elle, de façon à chercher à en exprimer la structure, la position, le mouvement, les couleurs et tous les traits[1] », il indique clairement que la traduction doit restituer parfaitement l'original. Les interventions du traducteur dans le texte sont tenues pour des erreurs, l'invisibilité du traducteur étant le résultat de l'application des normes méthodologiques. À travers le texte traduit, c'est davantage qu'un sens qui est rendu : c'est surtout une manière d'être, de s'exprimer et de penser, façons qui devraient idéalement être celles de l'Antiquité classique, mais qui sont trop souvent celles du traducteur. Une approche de la traduction par la lecture met en évidence ces phénomènes.

§ 126. À la fin de ce parcours, nous touchons à l'un des mythes fondateurs de la traduction qui s'apparente à l'esprit de la Renaissance. Ce mythe est celui du second original[2]. Hermès, le *fidèle* messager de l'Olympe en incarne les traits. Selon ce mythe, la traduction serait une substitution de l'original, ce qui empêche le traducteur de s'exprimer, d'être lui-même et le relègue souvent à l'invisibilité. Les hypostases théorisantes, fruits amers des ergoteurs, sont comme autant de refus de la servilité du traducteur. Elles tentent de le libérer à force de théorèmes linguistiques, d'improbables constructions philosophiques et de théories de la communication. Si la

---

[1] Leonardo Bruni, *De interpretatione recta*, trad., introduction et notes de Charles Le Blanc, Presses de l'Université d'Ottawa, Ottawa, 2008, § 13, p. 47.

[2] Original par la lettre ou par l'esprit, cela importe peu ici.

traduction est le fruit de la lecture, elle est le résultat d'un dialogue entre l'auteur et son traducteur.
Les parties interviennent dans tout dialogue, *ce qui
contribue à la constitution du discours lui-même*, si bien
qu'une intervention du traducteur dans l'ouvrage
de l'auteur est inévitable, quelles que soient les pré-
cautions prises pour la limiter. Hermès triomphe.
Toutefois, il est permis de croire que les règles de
traduction visent à assurer la substitution de la traduction à l'original et à baliser le rôle du traducteur
en créant, en quelque sorte, une situation d'*aliénation du traducteur face à l'auteur*, de la communication
face à la création, d'Hermès face à Apollon. Ces
soubresauts théoriques où l'on impose l'invisibilité
et, pour ainsi dire, le silence au traducteur, maître
de la communication, forment une situation de sou-
mission du traducteur à l'égard de l'auteur et du
texte, aliénation qu'exprime le *complexe d'Hermès*.
Hermès est défait. Mais la traduction, comprise
comme le résultat d'un dialogue entre l'auteur et le
traducteur, entre un écrivain et un lecteur attentif,
ne permettrait-elle pas d'accorder, pour un temps,
Hermès avec Apollon en montrant en quoi l'activité
des dieux, l'une étant de créer et l'autre de rapporter le résultat de la création, sont bien complémen-
taires? Étudier une œuvre traduite, c'est au fond
étudier le sens de l'œuvre *dans* le sens restitué par
la traduction. Le sens d'une traduction fait partie du
sens de l'œuvre traduite, si bien qu'Hermès, sa personnalité, sa fougue, son âme – pour autant que les
dieux en aient une – transparaissent nécessairement
dans les messages qu'il livre, de sorte que le prix
qu'il doit payer pour sa démesure n'est pas tout à
fait sans rémission. Hermès voit la lumière.

FAVETE LINGUIS !

On sait comment le roi de Milet, pour remercier Thalès d'une machine de guerre inventée par le philosophe, lui demanda ce qu'il voulait en récompense. Le philosophe, inspiré peut-être en cela par l'art persuasif (πείθω) d'Hermès, proposa au roi de déposer un grain de blé sur la première case d'un échiquier, puis deux sur la seconde, puis quatre sur la troisième et seize sur la quatrième, etc. La demande sembla raisonnable au roi qui y consentit. Seulement, par ce jeu exponentiel, toutes les réserves de blé de l'Ionie et probablement de l'Hellade entière n'auraient pas suffi à remplir la soixante-quatrième case de l'échiquier.

De même, bien plus tard, en 1742, un mathématicien allemand de Königsberg, Goldbach, fit la conjecture selon laquelle tout nombre pair est la somme de deux nombres premiers. Or, étant donnée l'infinité numérique, il est impossible de démontrer si cette conjecture est vraie, fausse ou indécidable, ce qui, pour une science exacte comme les mathématiques, est plutôt fâcheux.

Par ailleurs, Borgès évoque avec beaucoup d'à propos comment, durant l'une des nuits des Mille et une nuits, Shéhérazade, par une magique erreur du copiste, raconte textuellement au sultan l'histoire des Mille et une nuits, revenant à la nuit où elle raconte l'histoire des Mille et une nuits et ainsi de suite à l'infini. Imaginons l'horreur du sultan qui entend de la bouche même de Shéhérazade sa propre histoire et comprend qu'il est monstrueusement enfermé dans l'histoire racontée…

Il faut s'instruire des contes. Ces trois anecdotes se ramènent toutes à la même vérité : *l'ensemble de toutes les propositions vraies n'est pas axiomisable*. Que serait donc une théorie de la traduction, sinon que cet ensemble ? Puisque les hypothèses de traduction d'un texte, prenons le *Ulysse* de Joyce, sont infinies en pratique, elles ne peuvent s'insérer dans un système interprétatif fermé. Il ne saurait donc y avoir de théorie de la traduction qui rendît compte des hypothèses dressées sur un grand texte, mais uniquement une réflexion ordonnée – et par ailleurs, contingente – de l'usage que tel ou tel texte, ou que telle ou telle traduction, fait de la langue. Cet usage place la poétique au cœur du problème de la traduction. Le traducteur doit sacrifier à Apollon, non à Hermès.

Sous l'égide d'Hermès, la réflexion sur la traduction s'embrouille, au grand plaisir du dieu des voyageurs qui s'amuse souvent à les égarer ; Hermès leur inspire, en outre, des mots dont le sens déborde d'une catégorie à une autre, des mots comme *fidélité, intuition, altérité* qui signifient tantôt une chose, tantôt une autre selon la philosophie qui les thématise. Ils y sont poussés par Hermès, qui aime la dissimulation et à voyager sous des noms d'emprunt.

Vouer un culte à Hermès, c'est s'abandonner à celui dont la tâche la plus secrète est de faire passer les âmes chez Hadès et son ténébreux empire, c'est choisir l'obscurité, plutôt que la lumière. En définitive, c'est s'abreuver à une source qui elle-même a soif.

Que le dieu messager, Hermès, suspende maintenant son vol ! Qu'il retourne auprès de la source ombrageuse où nous l'avions vu tout à l'heure, songeur et triste, désireux des hauteurs de l'Olympe, jaloux de la liberté d'Apollon. Observons-le, pétri de l'angoisse de la fidélité, recru des voyages incessants pour livrer son message, l'esprit comme vanné de répéter les mots d'autrui qui, cruellement, le dépossèdent de lui-même. Il n'est jamais que par les autres. Son regard farouche s'égare dans les flots bleus. Il comprend qu'il ne pourra jamais se défaire de l'angoisse et de l'incertitude qui font parfois trembler sa voix d'une façon qu'aucun mortel ne peut entendre. Il se sent oppressé, borné par son message, écrasé par lui. Il n'a d'autre retraite que la source où il s'abreuve, goûte l'ombrage et se rassasie de silence : « *Favete linguis !* ».

Au moins peut-il voyager aussi vite que la pensée. Déjà, déjà il est au loin, très loin.

Achevé d'imprimer
à l'imprimerie Tri-Graphic
Ottawa (Ontario)
en janvier 2009
pour les Presses de l'Université d'Ottawa

Une typographie de 10pt sur 13pt Stempel Schneidler

Révision linguistique par Jean Ladouceur
Correction d'épreuves par Lyne St-Hilaire-Tardif
Illustration de la jaquette par Charles Le Blanc
Maquette de la jaquette par Cathy MacLean

Imprimé sur Rolland opaque naturel 60 livres